Editorial Demokratia

Constitución para tod@s: En preguntas/respuestas

Rodolfo Marcone Lo Presti

RPI: 2020-A-1531
ISBN:9789560947000

Editorial Demokratia pretende erigirse como una editorial boutique regionalista e independiente donde el pensamiento humanista en todas sus dimensiones pueda expresarse. Dando cabida a nuevos autores, con sus nuevas voces; y donde también converge la voz de los clásicos del occidente. La búsqueda de libros bien cuidados, desarrollados de forma artesanal y con materialidades sustentables es una meta en medio de un mundo de inmaterialidades digitalizadas. **Contacto y pedidos:** editorial.demokratia@gmail.com.

Chileufu es una Corporación cultural, y **Casa de Diálogo**, parte de la *red global de Casas de Diálogo* "**Humiliation Studies**" (www.humiliationstudies.org). Nuestro objetivo es fomentar el desarrollo humano en la comunidad y en armonía con el medio ambiente, como anfitriones de eventos, organizadoras de conversaciones, facilitadores de educación y promotores de investigación. Queremos apoyar la construcción de una **sociedad solidaria y sustentable** con nuevas ideas y recuperando buenas viejas ideas, a través de talleres, seminarios, programas, experiencias con la comunidad circundante y en alianzas con instituciones afines. (www.chileufu.cl).

Agracecimientos a Francisco Valenzuela Durret, artista visual chileno, quien autorizo la reproducción de su obra títulada "La Guernica" en la portada de este libro. www.valenzueladurret.com.

Para mis sobrinos Vicente, Trinidad, Carlos , Isabella y Rafaella.
Que representan el futuro de un Chile más democratico, verde y soliadario.

INDICE

Prólogo.

A modo de Introducción de esta obra excelente y oportuna, tres puntos:

Primero: un criterio (explicado en nueve acápites) para evaluar las conversaciones actuales en torno a la nueva constitución, al proceso de elegir a los constituyentes, a las deliberaciones de ellos, y por ende a la nueva constitución que será el producto de todo eso:

1. No olvidarse que jamás habrían existido ni el acuerdo de paz social ni una nueva constitución, si no hubiera sido por el despertar social que comenzó el 18 de octubre de 2019 con las protestas contra las alzas de las tarifas del Metro de Santiago. Como dijo Aristóteles hace 23 siglos, las chispas que detonan las revoluciones puedan ser chicas, pero los intereses en juego son grandes.
2. Lo que más pidieron los manifestantes fue una vida digna que valga la pena vivir. No les alcanza su plata ni para pagar lo mínimo necesario. Ancianos se suicidan porque no les alcanzan sus pensiones. La lista de espera por una operación de hernia puede ser un año o más, y además al Servicio Nacional de Salud le suelen faltar medicamentos y equipos necesarios. Hay veredas que se llenan con comerciantes informales, tratando de ganarse la vida vendiendo ajos, o pañuelitos desechables, o juguetes plásticos importados de China. Bocacalles se llenan con malabaristas y bailarines.
3. Posteriormente, las manifestaciones denunciaron numerosos casos de la brutalidad de la policía.
4. Lo que más quieren los comerciantes es paz y orden. Que no teman cada día, a partir de las 17 horas, a la turba enojada, dispuesta a saquear y quemar su negocio, ni a los criminales profesionales y adinerados, quienes se aprovechan de las crisis sociales, como de los terremotos, para enriquecerse aún más.

5. Los carabineros, como todos los seres humanos, quieren respeto. No quieren ser atacados en sus furgones y comisarías, por ser tildados como enemigos del pueblo, ni quieren pasear por las calles leyendo en cada muralla consignas lanzadas contra "los pacos".
6. Quienes escriben las consignas en las murallas también quieren respeto. Lo dicen en el mercado laboral, en la escuela, en las discotecas ... Abundan humilladas y humillados, sedientos y sedientas de dignidad.
7. Frente a semejante problemática, se propuso dos soluciones estrechamente vinculadas entre sí: un nuevo pacto social y una nueva constitución.
8. ¿Qué pasa si como respuesta a todo esto, al final del proceso constituyente decimos? ¡Mira! ¡Aquí está tu flamante nueva constitución! Ahora tenemos Primer Ministro en vez de Presidente; tenemos legislatura unicameral; tenemos una página entera dedicada a la gobernanza de la tecnología digital. ¿Pero donde están las páginas que dicen relación con la redistribución de la riqueza? ¿Dónde la constitución pavimenta el camino hacia una economía ganar-ganar? ¿Hacia la educación que soñaban Gabriela Mistral, Pedro Aguirre Cerda y el padre Hurtado, que se dedicara a fomentar una cultura de paz y dignidad?
9. En fin, una evaluación del proceso actual, el que actualmente estamos viviendo, que determinara que no se hizo nada para equilibrar los ingresos y los gastos necesarios de quienes ahora no les alcanza para vivir, ni nada para crear culturas de paz donde ahora hay violencia, tiene que ser: fue un fracaso. Si el pueblo dice que fue una estafa, la más reciente en una larga serie de estafas, cuando en realidad fue un esfuerzo sincero por gente bien intencionada, igual va a ser un fracaso.

Segundo: la solución de la problemática actual —aunque sea invisible en la ciencia económica y en la ciencia política reinante— no es complicada. Entre más Estado y más mercado, hay una tercera opción, vieja, respetable y no difícil de entender: más solidaridad. Gastón Soublette la desglosa con tres frases: conocer a si mismo, domar a si mismo, dar de si mismo.

Un pequeño ejemplo de nuestro barrio: Sencillo en principio, aunque no ha sido siempre fácil a realizar. Corresponde a otro paradigma. Hace diez años, la presidenta de nuestra junta de vecinos, la pastora evangélica Rosa Rivera, organizó en nuestro barrio un sistema de seguridad básica. Nadie pasaría hambre, ni le faltaría bienes de supervivencia, todo esto se lograría por la solidaridad de los mismos vecinos, y complementado por el Estado benefactor chileno. En el caso de la parte pagada por los aportes de los vecinos, por lo menos, quienes recibieran ayuda no iban a ser recipientes pasivos. Iban a aportar a su vez al bien de sus vecinos y al bien del barrio. Pequeños trabajos en el barrio bastarían.

Con esta pequeña experiencia se puede ilustrar cuatro grandes principios:

1. El pacto social tiene que ser un compromiso que incluye al sector privado. El Estado solo —por lo menos el Estado chileno actual— aún con las mejores intenciones, no tiene ni puede conseguir recursos suficientes para atender la demanda social.
2. El sistema en nuestro barrio ha resultado sostenible, no porque hubo mercado suficiente para vender lo que los pobres tuvieron que vender, sino porque fue financiado por el traspaso de excedentes de quienes tuvimos una fuente sostenible de excedentes.
3. El trabajo es más que una fuente de dinero. La falta de trabajo implica más que falta de dinero. El buen trabajo es disciplina, es auto-disciplina, es servir al prójimo, es dignidad. En el futuro, cuando la tecnología realice la mayor parte del trabajo, el sucedáneo del trabajo también debe ser disciplina, auto-disciplina, servir al prójimo y lograr la dignidad universal de todas las humanidades.

4. La solución para todos los pobres (no solamente algunos) no se encuentra en conseguir un título como profesional o técnico, ni en formar su propio mini-emprendimiento, ni menos por el crecimiento de la economía nacional. Los presupuestos de todos los pobres alcanzarán para sus gastos, cuando ellos tengan lo mismo que quienes tenemos seguridad económica, a saber: participación en las rentas que provienen de los recursos naturales, de los excedentes de las empresas, de los bienes raíces, y de la creación e inversión de dinero.

Tercero: Una palabra sobre el texto que sigue.
Pretende ser, y es, una obra de divulgación a nivel básico. Comunica hechos que todo ciudadano debe dominar para poder participar en forma inteligente en el proceso de crear una nueva constitución desde la base y con la mayor participación ciudadana posible.
Sin embargo, no es un texto de nadie. Es un texto escrito por alguien. Como destacaron en forma repetida Humberto Maturana y Francisco Varela en su libro *El árbol del conocimiento,* no hay voz que no sea la voz de quien habla. O como dijo el filosofo griego antes citado: una voz es en sonido emitido por un ser con alma. El texto es básico, pero no por eso no deja de mostrar el alma de su autor. Muestra los pensamientos de su autor (por ejemplo su compromiso con el iusnaturalismo). Muestra sus valores (por ejemplo su compromiso con el bien común).
Cualquier amigo mío quien lea el librito que sigue, sabrá que mis pensamientos no siempre coinciden con lo que afirma el texto. Cualquiera quien conoce a Chileufu sabrá que esto es un mérito, y no un defecto.
Evelin Lindner y Linda Hartling, las fundadoras de la cadena de casas de diálogo de la cual Chileufu forma parte, son doctoras en psicología, especialistas en la investigación de los fenómenos de la dignidad y la humillación. Vieron la necesidad de superar la polarización cada vez más extrema y cada vez más peligrosa en país tras país y a nivel mundial.

Hay que construir un futuro juntos. El futuro a construir necesariamente tiene que ser muy distinto del pasado y del presente. No lo podemos hacer mientras la izquierda hable solamente con la izquierda, la derecha hable solamente con la derecha, la izquierda dura no hable ni siquiera con la centro izquierda, y la derecha dura no hable ni siquiera con la centro derecha.

Chileufu convoca a conversaciones necesarias entre todos. Es un espacio de encuentros. No es un club de clones. Si este libro promueve conversaciones entre voces distintas, provocando acuerdos y desacuerdos, reflexión y aprendizaje, con dignidad y sin humillación, habría aportado a que Chileufu cumpla su misión, y habrá logrado cooperar en el camino del dialogo que Chile clama.

Limache, Febrero año 2020.

Profesor Dr. Howard Richards[1]

---

[1]**Howard Richards** es un destacado filósofo de la economía, profesor y académico. Fue Decano de Estudios de Santiago College en los años 60; asesor de la reforma educacional de Eduardo Frei Montalva. Actualmente es docente del Doctorado en Ciencias de la Administración de la Universidad de Santiago (USACH) y docente en la University Of Cape Town (South Africa). Es doctor en filosofía (California), Doctor en Derecho (Stanford), y Doctor en Educación (Toronto). Es miembro del grupo Repensar la economía (wwww.repensar.cl) y compilador con Raúl González del trabajo: Hacia Otras Economías, 2013. Miembro fundador de la casa de dialogo Chileufu en Limache, junto al destacado pensador chileno Gastón Soublette y el autor de este libro.

Ensayo preliminar[2]

Nuevo pacto y cultura alternativa.

Ante la crisis global que afecta hoy a nuestro país, no son pocos los que han hablado de un "nuevo pacto social". No se trata de cambiar de lugar las piezas del ajedrez nacional, sino de cambiar todo el tablero en que estas se mueven, dijo alguien con mucho ingenio. Quizás sea este concepto del nuevo pacto el más acertado para definir el real significado del fenómeno colectivo que está emergiendo aquí, pues en todo esto habría algo más profundo que el solo hecho de exigir la satisfacción de múltiples demandas de la ciudadanía.

Pero, quizás, los que acuñaron esa expresión pensaron, por primera vez en Chile, lo que ella implica en toda su extensión, ignorando que desde hace muchas décadas, y en todas las latitudes del mundo, hay gente que ha elaborado una cosmovisión muy diferente a la de este modelo de civilización puramente económico y tecnológico, y ha adoptado formas de vida independientes del mercado y de las directrices políticas de los países.

El filósofo norteamericano Morris Berman, entre otros pensadores contemporáneos, en su libro "El Reencantamiento del Mundo", introdujo en el pensamiento moderno la idea de un cambio de paradigma o modelo para referirse a un fenómeno que venía emergiendo lentamente desde mediados del siglo XX en el mundo entero.

---

[2] Ensayo publicado por **Soublette, Gastón** en: El Mercurio de Santiago, el día domingo 29 de diciembre del año 2019, Cuerpo E, Página 5.

Las personas en quienes operó este cambio de dirección en su cosmovisión empezaron a usar la expresión "cultura alternativa", la cual parece ir más allá que la de "nuevo pacto social", porque esta supone un nuevo ordenamiento, pero sobre la misma matriz de la civilización industrial vigente, en tanto que la otra supone un cambio en el fundamento mismo.

Una manifestación pública de lo que es esta nueva corriente de pensamiento y acción fue lo que hace unas tres o cuatro décadas se llamó "Iniciativa planetaria para el mundo que elegimos", movimiento que en Chile lideró la doctora Lola Hoffmann, el cual elaboró una doctrina basada en los principios en que se fundaría el cambio de paradigma anunciado por Berman.

La diferencia que se percibe entre las enseñanzas y realizaciones de la cultura alternativa y el estadillo espectacular de las protestas ciudadanas en Chile y en todo el mundo reside en que los que adhieren a aquella escuela de pensamiento toman directamente la iniciativa y asumen la responsabilidad de efectuar ellos mismos los cambios deseados, en sus propias vidas, fundando comunidades de familias, escuelas de la nueva pedagogía, y difundiendo un pensamiento nuevo sobre el sentido, el hombre, la sociedad, el destino, y nuestra relación con el orden natural, sin considerar como algo prioritario y previo el acto de presionar, por la vía política, sobre las estructuras de poder de la actual civilización.

Esta disidencia profunda pero pacífica, en gran parte anónima y deliberadamente no publicitada, constituye lo que podríamos llamar una revolución silenciosa de gradual desarrollo sin premura, y su finalidad es dar pasos reales y concretos para marginarse del modelo vigente, en no pocos casos con gran eficiencia. Son enclaves de cultura alternativa en países gobernados por el capitalismo cotidiano. El fenómeno se ha extendido en el mundo entero, y los investigadores que lo estudian sostienen que ya abarcaría entre un diez y un quince por ciento de la población mundial, en lo cual se incluye todo lo que se orienta en este sentido, desde escuelas de formación espiritual, comunidades de familias, cátedras universitarias, nuevas orientaciones pedagógicas, cultivos agrícolas, artes y artesanías, publicaciones de libros y revistas; en resumen, todo aquello que el mercado trató de absorber con su lógica mercantil, pero fracasó en su intento.

En la década de los años 80 del siglo pasado, 300 representantes de la cultura alternativa se reunieron en Toronto, Canadá, invitados por el poderoso empresario de ese país Donald Kiss. De ese congreso salió una declaración de principios y un manifiesto. Entre los principios básicos del acuerdo figuraban, junto a otros, los siguientes: "no lucrar, no publicitarse, no tener metas precisas". Con esto basta para entender que el divorcio con el modelo vigente fue absoluto.
La verdad es que hoy el mundo está lleno de grupos, comunidades e institutos que buscan independizarse, primero, de la racionalidad de este modelo de civilización, y en seguida, de las formas de vida que le son propias. El suscrito, como educador, lo ha podido apreciar en sus alumnos, ninguno de los cuales, hoy, demuestra estar de acuerdo ni con la racionalidad tecnocrática y económica del modelo ni con sus formas de vida. Todos declaran que han optado por la sencillez de vida que, según ellos, los preservaría de caer en la neurosis que genera este mundo estremecido por la velocidad de los cambios tecnológicos.
Habiendo conocido los dos ámbitos de la disidencia, me queda claro que la rebelión directa de la ciudadanía por la vía de la protesta y en el ámbito de la política, todo lo cual es legítimo y hasta necesario que ocurra, sigue estando en la matriz del modelo, por muy audaz que parezca, porque a eso se ha llegado por una identificación inconsciente con la racionalidad que lo motiva. Es algo semejante a lo que ocurrió con los socialismos reales cuando estos se instalaron en países que son grandes potencias, pues aunque el socialismo y el capitalismo difieren, el constructo económico, tecnológico y social resultante es casi idéntico al de cualquiera otra gran potencia. La fórmula "una nación, dos regímenes" de China lo demuestra.

Resumiendo lo que el movimiento de cultura alternativa ha reflexionado y concretado en sus realizaciones, cabe destacar primero una crítica radical a este modelo de civilización proponiendo nuevos criterios para enfrentar sus problemas, situando en un mismo nivel de importancia lo social, lo ambiental y lo cultural. Por esto, esta crítica coincide solo en parte con las de las protestas masivas. Pero lo que es fundamentalmente diferente y original de la cultura alternativa es el acento que pone en el hecho de que ha sido un determinado tipo humano el que ha creado el conjunto de problemas que hoy aquejan a la humanidad. Y si el cambio que se necesita es el de un nuevo paradigma, ese paradigma incluye como cuestión previa a todo una nueva concepción del hombre y su destino. Concebir un cambio de paradigma que no empieza por un cambio del individuo mediante un vuelco de conciencia fundamental equivale a construir un gigante con pies de barro, como nos enseña el profeta Daniel, pues en última instancia todo el bien o todo el mal del mundo depende de la calidad humana de los individuos. Por eso la cultura alternativa se aboca principalmente a mostrar al mundo una concepción del hombre basada en la virtud y la sabiduría, y una pedagogía del desarrollo interior.

Porque ocurre que la Revolución Industrial masificó a los pueblos instalándolos en grandes conglomerados urbanos donde los seres humanos están juntos pero no son comunidad. El poder de los grandes emprendimientos y la acumulación de capital terminaron de hecho manejando el mundo, determinando en su favor la orientación de la política y de la educación. Los pueblos fueron despojados de su cultura tradicional y delegaron sus aptitudes en especialistas, con lo cual devinieron en consumidores y usuarios pasivos. Todo lo cual ocurrió en desmedro de su potencial psíquico de nacimiento. En otras palabras, el ser humano fue empobrecido de su misma esencia, como también lo fueron los que impusieron al mundo el mito de progreso material ilimitado. Así se ha llegado a la actual concepción del hombre como un ser que por estar inserto en el flujo acelerado del progreso, por eso mismo está ya realizado como criatura consciente, solo le falta adquirir el saber que necesita para insertarse, el cual lo obtiene de una educación que es más capacitación que formación. Pues al fin la búsqueda del bienestar material terminó identificándose con el sentido mismo de la vida. Todo esto supone inevitablemente una concepción mecánica del universo y del hombre mismo.

El filósofo norteamericano Herbert Marcuse, quien fue el ideólogo del movimiento "Mayo 68" de Francia, sostiene en su libro "Eros y civilización" que el hombre, para insertarse en estas formas mecánicas de vida, debe sacrificar aptitudes psíquicas sin las cuales deviene en un ser robótico y desencantado que funciona solo dentro del marco de los lugares comunes y las convenciones, aquel tipo humano que según el coreano Byung-Chul Han cambia la reflexión por el cálculo. Marcuse pone el acento en la constelación psíquica llamada EROS, la cual incluye el amor, el agrado de vivir, la imaginación creadora, la inspiración, la poética de la existencia, la contemplación de la belleza. Sacrificar todo eso por el rendimiento constituye el ingrediente venenoso más determinante del malestar general del hombre contemporáneo. Porque es un hecho comprobado que la humanidad moderna hacinada en complejos urbanos desoladores olvidó ya lo que es el gozo de vivir. Y hasta sería posible sospechar que las guerras modernas que arrasan con ciudades enteras dejando solo escombros humeantes, aunque todos crean que los mueve una causa legítima, patriótica, inconscientemente son movidos por un oscuro instinto tanático de rebelión contra un orden construido que para ser tal les robó su identidad como persona, su felicidad, y "el derecho de vivir en paz".

El hombre interior

Por todo esto la cultura alternativa, aún más que las iglesias, pone su acento en el desarrollo del hombre interior, y no cree que el hombre moderno, por ser el beneficiario del progreso, está ya realizado como criatura consciente. Antes debería pasar por un largo proceso de formación humana para alcanzar su maduración en el conocimiento del sentido de la vida y de su propia vida, lo cual la pedagogía del modelo vigente está lejos de garantizarle, porque ni siquiera lo concibe como una tarea que es preciso realizar.

Todo el ideario y el quehacer del hombre contemporáneo parecen moverse en el nivel mecánico de los lugares comunes mentales, que generan un habla vertiginosa desprovista de sustancia, como si se viviera de los dientes para afuera, y como dice Byung-Chul Han, pensamos y hablamos rozando superficialmente la realidad, pero no entramos en ella.

Si la sociedad que tenemos es injusta y carente de valores, los afectados por la injusticia y el vacío espiritual que parece penetrarlo todo, si desean cambiar sus estructuras de poder ejerciendo presión por la vía política, pueden lograr lo que desean, pero pagando el precio que siempre se paga por esas mutaciones históricas. Pero si el cambio deseado no se opera al interior del hombre para recuperar los valores humanos perdidos en este proceso de decadencias, los conflictos que estamos viendo volverán a surgir bajo otras apariencias. Los pueblos devinieron en consumidores y usuarios pasivos.
Gastón Soublette[3].

---

[3] **Gastón Soublette Asmussen**, es uno de los intelectuales vivos más importante del S. XXI en las letras chilenas, y uno de los compiladores más extraordinarios de la tradición popular nacional. Esteta, musicólogo, sinóloga, filosofo y teólogo. Autor de más de un centenar de obras. Profesor por más de 50 años de la Facultad de Artes y Letras de la Pontificia Universidad Católica de Chile. Fundador de la Casa de Dialogo Chileufu junto a Howard Richards, Luis Razeto y el autor de este libro.

Introducción.

"Somos los apóstoles de un Cristo invisible, de un Cristo abstracto a la juventud. Convirtamos en realidad este abstracto, realicémoslo, como aquel que ansiara realizar un sueño. Es posible que muchos quieran crucificarlos, es posible que lo crucifiquen, pero antes de la crucifixión tenemos treinta y tres años para sembrar. (...) Sacudamos esta apatía de buey durmiente que adormece hasta el paisaje de primavera con su sola presencia." (Vicente Huidobro, Carta a la Federación de Estudiantes Universitario, 1925)

La obra que tienes en tus manos no pretende ser un tratado de derecho constitucional, ni una obra científica rigurosa. Pretende vivificar el diálogo en medio de un momento lleno de oportunidades y riesgos como el actual debate constitucional que nos encontramos.

Como socialcristiano, creo firmemente que con solo la práctica de la justicia y la caridad fraterna lograremos la paz social, y lograr un cambio de las estructuras culturales que nos impiden entender que vivimos en un momento donde la supervivencia humana está en juego. No basta cambiar un pacto social- como Señala Gastón Soublette arriba-, solo bastara transformar las estructuras culturales, sociales y jurídicas por un nuevo pacto verde, donde el antropocentrismo mute a una mirada mas profunda de las relaciones del ser humano con la naturaleza. El debate constitucional debe centrarse en estos topicos, o si no sera caduco desde un comienzo.

Este librito se enmarca en aquellas obras que se denominan de divulgación. Podría denominarse como un manifiesto. Desde mi profesión como abogado he querido colaborar con la educación cívica en este momento constitucional, con el único anhelo de que los valores constitucionales básicos de occidente presentes en nuestra larga y rica historia constitucional perduren. Y por otra parte pretendo que nuestra realidad constitucional pueda ser comprendida de mejor manera en amplios sectores de la sociedad, para así conociendo, discutir con fundamentos la transformación de nuestras estructuras jurídicas elementales (EJE)[4].

---

[4]El concepto de Estructura Jurídica Elemental (EJE) aquí mencionado es un concepto en exploración por el autor de este libro y se inspira en los trabajos de Howard Richards, Linda Singer y otros autores sobre el Estructura Cultura Básica (ECB) y la Organizaciónes limitadas (OI). Richards en una carta privada enviada en el fragor de octubre del año 2019, a este autor señalo: "*Por lo tanto, sobrevivir a la crisis climática, o cualquier crisis que amenace la vida, requiere transformar la estructura cultural básica del mundo moderno. Transformar no significa destruir. Significa, como dice José Luis Coraggio, "resignificar". Cambiar los significados y, por lo tanto, cambiar los comportamientos, hacer que las instituciones funcionen para facilitar la satisfacción de todas las necesidades en la lista de Maslow en armonía con la naturaleza. Este proceso puede llamarse "construcción ética", recordando que, en la ética de Aristóteles, arete (a menudo traducido como "virtud" o "excelencia") significa realizar bien las funciones propias de un ser humano. También se le puede llamarlo educación social y emocional partiendo de la empatía y la formación de buenos hábitos en la niñez que van a florecer como virtudes en la adultez.*"

Zygmunt Bauman ya nos decía hace más de una década atrás, que nuestra sociedad del consumo vive amenazada por un "enemigo interno" que en nuestro país se busca aún incansablemente, y todos nos preguntamos ¿dónde está el enemigo? proféticas son las palabras de este sociólogo, para el momento en que vivimos como sociedad, donde la polarización es parte de una estructura cultural que se niega muchas a veces a dialogar, escuchemos al sociólogo polaco: "*Una sociedad insegura de la supervivencia de su manera de ser, desarrolla mentalidad de una fortaleza sitiada. Los enemigos que asedian sus murallas son sus propios "demonios internos", la reprimida sensación de temor que se filtra en sus vidas cotidianas, en su "normalidad", y que sin embargo, para hacer soportable la realidad diaria, debe ser aplastada y extraída de esa cotidianidad para modelar con ella un cuerpo extraño...* ***un enemigo tangible al que se le da un nombre, un enemigo con el que se puede luchar, una y otra vez, con la esperanza de vencerlo.***"[5] En la crisis que vivimos, la búsqueda del enemigo al que vencer ciega o nubla las capacidades empáticas del diálogo y la búsqueda del bien común mediante una estructura jurídica elemental que guiada por los principios inviolables de la democracia, respeto a los derechos humanos y derechos ecológicos nos guie a una equilibrio ecosistémico total.

Discutir la norma constitucional es sin duda una oportunidad y un riesgo. Oportunidad de transformar la norma fundamental de la nación al momento histórico que vivimos, y también un riesgo de caer en conceptos anticuados que nos hagan involucionar.

Por eso este pobre aporte que tienes en tus manos, es un ensayo de respuestas frente a las preguntas que creemos importantes abordar en un diálogo constitucional que ya se inició, aunque algunos no quieran aceptar dicha realidad.

---

[5]**Bauman, Zygmunt**, "Vida de Consumo", Trad.M. Rosemberg y J.Arrambide, Mexico, EFE, 2007. Pp.173 y siguientes.

Desde ya solicito que me excusen si existe algún término impreciso o confuso, más bien he querido explicar de forma clara lo que la teoría constitucional y política explica de forma compleja, aunque las respuestas ensayadas en esta obra te podrían dejar más dudas que claridades, te invito a buscar sin detenerte la respuesta correcta, más bien cada respuesta es un ensayo en construcción.

He querido rememorar el viejo método socrático, como la forma de aportar en esta apasionante deliberación democrática en las que nos encontramos luego del 18 de octubre, que para mí más que un "estallido social" es un "acontecimiento".

El texto que tienes en tus manos se articula en una especie de diálogo con preguntas y respuesta, son 112 preguntas y respuestas. Las que exploran las diversas dimensiones de lo que significa una constitución para la teoría constitucional y los diversos derechos y deberes que en ella se desarrollan sobre todo el respeto a los derechos humanos que emanan de la dignidad humana, anteriores y superiores al Estado. En el capítulo segundo se desarrollan las preguntas sobre el proceso constituyente propiamente tal y la reforma reciente de la Constitución actual que permite el proceso constituyente que comenzamos a vivir. También agregué un apéndice con el acuerdo por la Paz del 15 de Noviembre del 2019, y la reforma del capítulo XV de la Constitución de diciembre del año 2019.

La democracia es un complejo sistema de relaciones humanas e institucionales. Donde la lucha por libertad e igualdad no ha dado tregua estos últimos doscientos años. La democracia occidental vive y perdura sobres las bases del diálogo: amistad cívica, participación y ética, son piezas elementales de dicho sistema de gobierno.

La democracia no está asegurada, es una lucha constante de nuestra sociedad. Porque la lucha por la democracia es una lucha por la libertad e igualdad, dos valor que son complementarios. Por ello los ciudadanos que deseamos construir una democracia representativa respetando los derechos humanos y la paz social no podemos quedarnos callados, frente a aquellos que reivindican la violencia como método de acción política y forma de resolución de los conflictos. Justamente los hombres libres creamos las constituciones para erradicar la ley del más fuerte de nuestras sociedades.

Pero también la democracia se construye con política, y aquí me quiero detener en lo que señala S.S. Francisco en su encíclica Laudato Si: "Necesitamos una política que piense con visión amplia, y que lleve adelante un replanteo integral, incorporado en un diálogo interdisciplinario los diversos aspectos de la crisis. Muchas veces la misma política es responsable de su propio descrédito, por la corrupción y por falta de buenas políticas públicas." y en el caso chileno hemos visto que la acción política queda vacía de valores, pierde sus sentido ético, en el fondo se vuelve a-ética, y por ello la causa de la crisis institucional y política que vive el país desde el 18 de octubre del 2019 en adelante.

Al respecto el Papa señala proféticamente: "Si el Estado no cumple su rol en una región, algunos grupos económicos pueden aparecer como benefactores y detentar el poder real, sintiéndose autorizados a no cumplir ciertas normas, hasta dar lugar a diversas formas de criminalidad organizada (...)", o esta misma criminalidad organizada puede tomar forma de empresa —ya lo vimos en el caso Penta S.A, Soquimich S.A, Odebretch S.A Etc.— y también como ocurre en campamentos y poblaciones chilenas cuando el "narco" suple al Estado. Cuestiones que hemos visto en todas las dimensiones de la sociedad chilena, en un principio con los saqueos corporativos que sufrimos todos como en el caso de la colusión del Confort y los arriba mencionados, y ahora los saqueos masivos de estos últimos meses perpetrados por bandas del "narco" y delincuencia habitual.

Continúa Francisco: "Sí la política no es capaz de romper una lógica perversa, y también queda subsumida en discursos empobrecidos, seguimos sin afrontar los grandes problemas de la humanidad." Es claro el llamado del Papa Francisco a los políticos a cumplir con el rol de servir al bien común como fin último de la acción política, pero este bien común se puede descubrir practicando la virtud, o sea viviendo una ética verdaderamente humana.

En un sentido profundo hoy nos encontramos con un vacío metafisico, ético y religioso que deja la política y el Estado a merced del egoísmo del más fuerte. Por ello entender los principios constitucionales básicos en una democracia se plantea como esencial, y eso quiero lograr con esta obrita, plasmada de viejos y nuevo ideales.

El acontecimiento de octubre del 2019, es único en su tipo en nuestra historia institucional reciente, es una manifestación de que existe un malestar muy extendido con el tipo de sociedad que la posmodernidad ha construido estos últimos decenios en el Chile del neoliberalismo. El mal del relativismo moral se ha expandido y las certezas de los antiguos valores cristianos occidentales se desvanecen en la aurora del tercer milenio. Pero la luz existe, y las constituciones políticas del occidente reflejan esos valores y principios que constituyen la esencia de la *civitas*, aunque en ebullición y transformación, la nueva era de la comunidad política será mejor o peor, a lo que nos enfrentamos es un misterio, y como todo misterio es hermoso y terrorífico a la vez.

Como nación nos encontramos ante el desafío de refundar nuestra democracia con cimientos más sólidos y conscientes, o sumergirnos en un desvarío asambleísta plagado de lugares comunes, pero sin sustento en nuestra historia constitucional democrática, y sin visión de futuro, algunos quieren revivir al súper estado de la planificación central de la economía y la vida del pueblo, y otros quieren eliminar el papel del Estado, para que triunfe el mercado sin límites. Nadie en estos extremos tiene la razón —ya la historia nos ha mostrado el camino—. Los desafíos de la posmodernidad, superan las lógicas de antaño. La crisis ambiental que vivimos es tan profunda que pronto nuestra supervivencia como especie será una incógnita y recién allí nos preguntaremos, acaso, que hicimos por limpiar, purificar los lagos y ríos, que hicimos para replantar los bosques asolados, que hicimos para detener el consumo de combustibles fósiles. La política posmoderna debe entender que el nuevo pacto social debe ser verde o no existe pacto social, porque el ecosistema se acabará, y nosotros con él.

Por ello en esta obra no se extrañe encontrar respuesta novedosas a las preguntas como el concepto de e-democracia, economía del bien común o el "New Green deal". La innovación será clave para las nuevas democracias del tercer milenio, las cuales deben ser absolutamente sustentables en lo ecológico y humano.

La transformación digital de nuestra sociedades plantean el desafío de un e-democracia con incipientes grados de e-participación ciudadana. No he querido tratar tópicos puramente constitucionales o del momento, he querido abarcar en esta obrita un abanico de nuevas temáticas que suceden en la discusión constitucional en el derecho comparado. Como son: La irrupción de nuevos derechos humanos como es el de la reserva de datos personales, el derecho de los consumidores vulnerables, los derechos de expresión e información, igualdad y libertad ideológica y religiosa, el reconocimiento de los pueblos originarios, etc.

La forma del gobierno, del Estado, y los modelos de democracia son un tópico que también se trata en esta obra. La formulación breve de esta obra no deja de tocar temas que no faltarán en el debate, que se nos viene sobre una nueva constitución. También he querido reflexionar sobre la forma que adquiere la política en nuestra sociedad, y los problemas más acuciantes que enfrenta la democracia chilena con su crisis de gobernabilidad y otros tópicos tan interesantes como la guerra de la desinformación—fake news—, la polarización y la falta de ética en las relaciones humanas y sobre todo políticas.

Espero que encuentren de fácil lectura este pequeño aporte a la discusión y la educación que he pretendido realizar, agradeciendo el invaluable aporte de Howard Richards y generosidad de Gastón Soublette, y que al terminar de leerlo compartan este libro de forma solidaria con otra persona.

Rodolfo Marcone Lo Presti[6]

---

[6] **Rodolfo Marcone Lo Presti (1984)**, Licenciado en Ciencias Jurídicas y Sociales, UNAB. Abogado, Magister en Derecho, Universidad de Valencia, España. Ha cursado especialización en derecho, en Boston College Law, Massachusett, EE.UU. Diploma de postítulo en Relaciones Internacionales, I.E.I. Universidad de Chile. Diplomado en Familia y Sociedad, UC. Consejero del comité ejecutivo de la Federación Social Cristiana de Chile. Miembro fundador de la Corporación Cultural Chileufu. Miembro de la orden del Colegio de Abogados de Valparaíso y Santiago.

Capítulo I

Entendiendo la idea de una constitución y democracia en tiempos de revoluciones tecnológicas, culturales y económicas.

"Ninguna comunidad ha progresado permanentemente sino aquella en la cual tuvo lugar un conflicto entre el poder más fuerte y algunos poderes rivales; entre las autoridades espirituales y las temporales; entre las clases militares o territoriales y las trabajadoras; entre el rey y el pueblo; entre los ortodoxos y los reformadores religiosos"
(J.S Mill, Considerations on representative government, en Collected Papers, Vol XIV, p.459)

"Allí donde la lucha ha sido sofocada o frenada, siempre ha comenzado el estancamiento al que sigue la decadencia de un Estado o de toda una civilización"
(N. Bobbio, Liberalismo y democracia)

"(...) esencial que los derechos sean protegidos por un régimen de derecho, a fin de que el hombre no se vea compelido al supremo recurso de la rebelión contra la tiranía y opresión"
(Antonio Cassese)

"La política y economía tienden a culparse mutuamente por lo que se refiere a la pobreza y a la degradación del ambiente. Pero lo que se espera es que reconozcan sus propios errores y encuentren formas de interacción orientadas al bien común"
(S.S. Francisco, Laudato Sí, Nº198).

Iniciando el diálogo...

1.- ¿Cómo surgen las constituciones Políticas?

R: Se señala por la historiografía política que los sistemas constitucionales nacen como reacción al absolutismo—doctrina política que promovía el poder absoluto del rey— en el siglo XVII. Este movimiento constitucionalista del siglo XVII, surge en un ambiente donde la burguesía y comerciantes en Europa ascienden en el poder político, en desmedro de las clases feudales y aristocráticas del antiguo régimen. Especialmente en la floreciente Inglaterra, la denominada: "great rebellion" de los puritanos que termina con la firma del "Pacto del pueblo libre inglés" en el año 1649, donde se afirman los principios democráticos por primera vez en el ambiente europeo, decantando 40 años después ,en 1688, en el sistema de Monarquía Parlamentaria, que hasta el día de hoy rige los destinos de los Ingleses.

La principal idea en la incipiente teoría constitucional es la búsqueda de un Estado de Derecho. Esto significa la preeminencia del derecho sobre la autoridad política y administrativa, o sea que nadie —ni el monarca— pueda estar sobre el derecho.

Nadie puede ser dueño del Derecho, y todas las personas tienen derechos inalienables que el Estado debe promover y amparar, aunque estos derechos inalienables serán reconocidos en oleadas sucesivas en la historia política de occidente, hablaremos luego de las denominadas generaciones de derechos fundamentales, que avanzan con el devenir de la historia constitucional moderna.

La primera constitución escrita, fue la de las trece colonias de Norte América que constituyeron Estados Unidos el día 17 de septiembre de 1787. El movimiento constitucional se extendió por occidente luego de este hecho. Y sería una verdadera revolución social y política que comienza con la independencia de EE.UU del colonialismo Inglés. Influyendo estas ideas en las colonias españolas de Norte, Centro y Sudamérica, las que se liberaran del yugo hispánico en el siglo XVIII, redactando sus propias constituciones, las cuales miraban más la organización del poder, que la limitación de este.

Solo en el siglo XX el enfoque de las constituciones se amplía a la protección de los derechos fundamentales, o humanos, sobre el poder estatal, en una reacción a las atrocidades cometidas por las ideologías Fascista en Italia, Nacionalsocialista en la Alemania Nazi y por el régimen comunista en la URSS y otros totalitarismos.

2.-¿Qué es una constitución?

R: Siguiendo la teoría de Hans Kelsen, gran jurista alemán del Siglo XX, la constitución es la norma fundamental de una Estado Liberal Democrático[7], incluso en Alemania se denomina Ley Fundamental a su constitución. Siguiendo a Hart podemos señalar que cuando tratamos de definir lo que es el derecho, o en este caso una constitución, estamos ante la pregunta sobre la base teórica que sostiene un modelo de constitución[8]. Frente a esta compleja pregunta, debemos fijarnos en las características de las constituciones en nuestra tradición jurídica-social, para luego elaborar una definición, pero claramente la que ensayaremos acá será una definición heredera del occidente liberal y democrático.

En simple podemos decir que las constituciones políticas son las normas fundamentales que organizan y atribuyen el poder político dentro de un Estado de derecho en los diferentes poderes del Estado, reconociendo derechos y deberes a las personas que emanan de su naturaleza racional y libre.

Las constituciones garantizan un sistema de gobierno que representa la identidad e historia de una nación. Y sobre todo limitan el poder del Estado sobre los ciudadanos, creando un Estado de derecho que establezca garantías de libertad, igualdad, justicia y respeto de los Derechos Humanos.

---

[7] Véase una completa explicación de la teoría pura del derecho desarrolla por Kelsen, en la enciclopedia online de la Universidad de Stanford sobre filosofía del derecho, en: https://plato.stanford.edu/entries/lawphil-theory/ (Revisada el 5 de febrero del año 2020).

[8]Citado **Hart** por **Richards, Howard**, "La imposibilidad de la política", Valparaíso, 2017, Pp.7, en: **H.L.A, Hart**, "Concepto de derecho", Buenos Aires, Abelado-Perrot, 1968.

El fin de toda comunidad política es el bien común, que debería desembocar en la felicidad de las personas que componen dicha comunidad, por lo tanto un fin último de las constituciones debería ser la felicidad, así lo reconoce la propia constitución de los EE. UU. Por lo tanto todos estos elementos son decisivos para entender lo que es una constitución.
Entendemos que los paradigmas actuales del derecho constitucional posmoderno se encuentran en constante ebullición, los desafíos de nuestra sociedad son de una complejidad nunca antes vividos por la civilización humana; el cambio climático que obligará a emigrar a millones de personas, pondrá en jaque al Estado tal como lo conocemos; la revolución de la inteligencia artificial y la robótica nos harán repensar la economía y los sistemas de seguridad social; la baja natalidad y el aumento de la expectativa de vida de las poblaciones pondrá en jaque al Estado de Bienestar, y sobre todo el problema de la contaminación de las aguas dulces y la desaparición de bosques, nos hará repensar el deber del Estado de reparar y limpiar los ecosistemas, quizás en nuestras futuras constituciones, estas cuestiones serán necesarias de tratar, y si Chile entra en un momento constitucional tendra que preoucuparse de estos topicos sin escusas.

3.-¿Por qué es tan importante la Constitución en los tiempo de una sociedad digital?

R: Es la norma más importante de todo el marco jurídico institucional como señalamos en la respuesta anterior. La constitución es en sí misma —siguiendo a Bobbio— un mecanismo de limitación del poder, que busca defender a la persona humana del abuso de la autoridad, y hoy en el siglo XXI, también las constituciones deben limitar el abuso de grandes transnacionales que tienen hasta más poder que el propio Estado, en cuanto al manejo de la información privada de los usuarios, así Facebook y Google por ejemplo están obligados a respetar el derecho fundamental de la propiedad de los datos personales y la privacidad de las comunicaciones de las personas.

Hoy en teoría constitucional se discute el derecho al resguardo de los datos privados de las personas y también el denominado derecho al olvido. Esto demuestra la dinamicidad de los derechos fundamentales y la necesidad de siempre ir actualizando los catálogos de derechos y deberes fundamentales de nuestras constituciones.

En la constitución están desarrolladas las bases de los mecanismos de defensa de las personas ante el Estado, y por qué no decirlo, ante otras entidades y personas, como señalamos arriba. El principio de legalidad es esencial para entender esto, o sea, que cada actuación de los poderes del Estado debe ser basándose en una ley previa. El reconocimiento y las garantías de los derechos que emanan de la dignidad humana en las constituciones se establecen positivizarlos o sea detallándose en un catálogo.

Tenemos que entender que el contexto de nuestra constitución es el de un Estado Liberal. Para los viejos liberales el Estado es un mal necesario que debe ser dominado para asegurar la libertad individual, que casi no existía en los Estados Confesionales antiguos y feudales, y también es una lucha por la igualdad que también casi no existía en ese antiguo régimen con la existencia de privilegios que favorecen a ciertas personas o clases. Hoy los Estados modernos son garantes de muchos derechos sociales, los que los vuelve máquinas inmensas de recaudación de dinero de sus contribuyentes para sobrevivir y cumplir sus promesas, por lo que las constituciones juegan un papel importante en esta materia al regular la misión del Estado en la sociedad.

4.- ¿Qué derechos son los esenciales en una Constitución?

R: Los derechos que no pueden faltar en una constitución moderna son:

1.-Derecho al debido proceso, aquí encontramos el denominado principio de la presunción de inocencia, el derecho a la imparcialidad del juzgador, el derecho a una defensa letrada y técnica;

2.-También tenemos el derecho a la igualdad ante la ley, significa que no existen personas ni grupos privilegiados sin justificación racional, se terminan los títulos nobiliarios y privilegios de exención de impuestos, etc.;
3.-El derecho a la vida, que tiene una doble faz, el de no ser perturbado en el goce de la vida y el de defenderla ante un ataque;
4.- El derecho de propiedad, también existe este derecho en una dimensión positiva que se refiere a libertad de adquirir, gozar y poseer toda clase de bienes y una faz negativa que se refiere a que no se puede privar a persona de la propiedad de sus bienes sin justificación legal;
5.-La libertad de asociación significa reconocer la esencia gregaria del ser humano; la libertad religiosa y de conciencia. Según el profesor Squella en su libro Derechos Humanos, este derecho fue el primero en aparecer en la historia y reconocido por los Estados[9], luego de las guerras de religiones del siglo XVI en Europa, reconocer al otro como capaz de profesar una religión determinada o rechazarla, además de manifestarse en público libremente sin coacción ninguna;
6.-El derecho a sufragio activo y pasivo, este derecho es como se expresa la soberanía popular y es esencial para una democracia, como todos los derechos, su faz activa es la capacidad de votar de forma periódica, secreta y libre. Y la faz pasiva es la capacidad de postular a un cargo de representación popular, con libertad y garantías de imparcialidad, y el derecho a ser elegido.

---

[9] Véase: **Squella, Agustín**, "Derechos Humanos", Editorial Universidad de Valparaíso, Año 2019. Pp.30.

La peculiaridad de estos derechos radica en que, desde el punto de vista jurídico, en caso de vulneración o amenaza de vulneración, pueden ser protegidos y amparados por los jueces por el solo hecho de estar reconocidos en la constitución, aquí tenemos en nuestra constitución el denominado el Recurso de Protección que se debe presentar ante la Corte de Apelaciones del domicilio del afectado, dentro de los primeros treinta días en que sucede la vulneración, amenaza o privación del derecho, procede ante actos u omisiones arbitrarios o ilegales que perturben, amenacen o priven un legítimo ejercicio de los derechos y garantías constitucionales, reconocidas por la constitución como susceptibles de ser judicializadas. Ante la perturbación del derecho de libertad ambulatoria, se encuentra el Recurso de Amparo o el denominado *Hábeas Corpus*, este recurso corresponde ser presentado ante la Corte de Apelaciones de donde se encuentra retenido el afectado, para que conozca de la privación de la libertad.

5.-¿Cuáles son los fines y objetivos de una constitución?

R: La finalidad —dentro de una teoría iusnaturalista— es reconocer la inestimable dignidad de la persona humana y sus derechos fundamentales inalienables, imprescriptibles y superiores a toda organización política. Las constituciones limitan el poder y lo distribuyen dentro de un Estado de Derecho. Justamente para defender y promover esos derechos humanos del abuso que un poder ilimitado del Estado podría realizar sobre ellos —recordemos los horrores de la Segunda Guerra Mundial y los Estados totalitarios surgidos después de ella.

Reconociendo esta finalidad, la constitución se transforma en el instrumento normativo superior que está destinado para defender a la persona humana y sus inestimables derechos humanos o fundamentales, que emanan de la dignidad propia de la persona humana. Derechos que están sobre la voluntad humana. Y que son garantizados a no ser invadidos o destruidos por otro grupo o persona.

El objetivo último de la constitución es crear un marco estable de derechos y deberes de la persona humana en una institucionalidad estatal limitada en sus poderes. Todo esto gracias al reconocimiento de la dignidad de la persona humana que considera al hombre por naturaleza libre y racional. Por lo tanto los fines de una constitución son defender la dignidad humana sin distinción y reconocer los derechos elementales que emanan de dicha dignidad humana. Limitando el poder del Estado, y el de otras instituciones quizás más poderosas que el propio Estado, como grande compañías, que no es necesario nombrar, pero todos conocemos. Y asegurar las condiciones para que todos accedan a niveles de prestaciones sociales que permitan vivir con dignidad y tener una igualdad de oportunidades entre todos los miembros de la comunidad, para asegurar las libertades y derechos esenciales.

6.- ¿El Estado qué función tiene y cómo se conecta con la existencia de las constituciones?

R: El Estado, o concepto de Estado, es una construcción reciente en la historia política del hombre. Incluso para algunos filósofos como Ernst Cassirer quien escribió un libro que se llama "El mito del Estado", en contraposición a los abusos sistemáticos que las ideologías con sus regímenes nacional socialista por un lado y comunista por otro realizaron en el siglo pasado. La sombra de duda sobre el Estado Nacional se extendió luego de ese oscuro periodo de la humanidad, y señala Cassirer: "El mundo político ha perdido su conexión no solo con la religión o la metafísica, sino también con todas las demás formas de vida ética y cultural del hombre. Se encuentra solo, en un espacio vacío." [10] Este vacío ético, explica cómo las ideologías del nazismo y comunismo se adueñaron de innumerables Estados en el siglo pasado.

---

[10] Véase en: **Cassirer, Ernst**, "El mito del Estado" Trad. Eduardo Nicol, Editorial Fondo de Cultura Económica, 11° Ed. 2013. Pp.166.

La Declaración Universal de 1948 fue la reacción a estos horrores estatales, y el inicio de un sistema universal de protección de derechos humanos que se concreta hasta estos días con la existencia de innumerables tratados de derechos humanos, y la Corte Penal Internacional que surge del Estatuto de Roma, que busca perseguir los crímenes de lesa humanidad en un tribunal con jurisdicción casi universal, un sueño impensable hasta hace pocos años.
El poder legítimo de un Estado moderno debe garantizar el imperio de los derechos fundamentales o humanos, en esto reside su existencia y fundamento, el principio de Servicialidad del Estado es esencial para entender esto. El Estado debería estar al servicio de la persona humana y concretar con su existencia el bien común, así lo señala el artículo primero de la Constitución de 1980, que es el artículo que permite interpretar toda la constitución chilena.
O sea el Estado existe para reconocer, amparar y restablecer los derechos humanos. Tales derechos son por ejemplo; el derecho a la vida, integridad física y psíquica; derecho a libertad de pensamiento, conciencia y religión; libertad ambulatoria; a contraer matrimonio sin coacción; derecho a la felicidad; vivir en un ambiente libre de contaminación; libertad de enseñanza y educación; libertad de culto; igualdad ante y la ley; igualdad entre hombres y mujeres, etc. Estos derechos humanos los explicaremos más adelante.

6.-¿Qué es lo que contiene una constitución, lo que no puede faltar en ella?

R: Podemos señalar en simple lo que define una constitución del siglo XXI. En primer lugar que se reconoce y genera por la propia norma constitucional un Estado de Derecho, lo que en simple significa que nadie, ni persona, grupo o institución, está sobre el derecho y no lo puede monopolizar. Por lo tanto los poderes del Estado se deben al respeto del Derecho, los que son limitados y delimitados en sus funciones y atribuciones por la misma norma jurídica. Por lo tanto esto genera un principio de legalidad, y a su vez una supremacía constitucional, esto significa que la norma constitucional está por sobre otras leyes y estas deben respetarla y por sobre quien genera las leyes —Congreso y Presidente en el caso chileno.

Una expresión de esta supremacía constitucional, sería la presencia de quórum especiales para reformar la constitución de 3/5 del parlamento en ejercicio —ambas cámaras— y existe otro quorum más exigente de 2/3. Todo dependerá de la relevancia de la norma constitucional a modificar. Todo esto con el fin de que el legislador manifieste un consenso suficientemente fuerte para cambiar la norma fundamental, esto se hace para proteger la propia constitución de vaivenes políticos y dar estabilidad política-institucional al país.
También en una constitución no debería faltar la descripción de instituciones fundamentales que dan vida a la nación. Lógicamente, toda constitución debe poseer mecanismos que regulen su reformulación, ninguna constitución es una piedra monolítica.
Otro gran elemento esencial y clásico es la separación de poderes, donde se genera el poder Legislativo, Ejecutivo y Judicial. Aquí se aplica la fórmula "divide para no concentrar". Lo que se logra con una eficiente división de poderes es que cada poder puede controlar las acciones del otro poder por mecanismos constitucionales y legales. Por ejemplo en nuestra Constitución vigente de 1980, se encuentra definido el rol de la Contraloría General de República. Aquí la constitución regula en in extenso las atribuciones y competencias de las autoridades elegidas para dirigir cada poder. También señala cómo se ejerce el poder en el territorio, existiendo dos grandes sistemas; los Estados Unitarios como el Chileno; o Federales como Brasil, EE. UU., Argentina, etc. Donde cada Estado tiene una división de poderes y una autonomía por Estado.

En una constitución los elementos esenciales son dados por el poder constituyente que reside soberanamente en la nación toda. Lo que hemos entendido históricamente en una constitución moderna, que jamás puede faltar en ella: a) El principio de legalidad, todo acto de autoridad y limitación de las libertades fundamentales del hombre deben estar justificados por una Ley. b) La división de poderes entre las partes de un Estado, Poder Legislativo (Congreso Nacional), Poder Judicial (tribunales de justicia) y Poder ejecutivo (Presidente), dichos poderes deben ser autónomos entre sí. Esto asegura que el poder no sea manejado por una sola de estos poderes. b) No deben faltar el reconocimiento de los derechos fundamentales de la persona humana, los llamados Derechos humanos. Garantizandolos con recursos judiciales eficientes y dotando al Estado de suficientes recursos económicos y técnicos para implementar los derechos económicos, sociales y culturales reconocidos en los tratados de DDHH. c) Tampoco se puede dejar de establecer la forma de gobierno, lo que puede desembocar en un Estado Unitario (Chile en la actualidad) o un Estado Federal (Argentina o Brasil). d) Los principios democráticos de elecciones, libres, secretas y periódicas. e) Tampoco debería faltar la concepción de servicialidad del Estado a la persona humana como fin último de este. Esto significa que el fin último de toda actuación del Estado es servir a la perfección de las personas en todos los niveles de su vida.

7.- ¿La Constitución de 1980, reconoce los derechos humanos? R: Sí reconoce un catálogo de derechos humanos o derechos fundamentales —palabras que utilizaremos como sinónimos— en el artículo 19 y cada uno de sus numerales. Desde una mirada histórica los derechos humanos reconocidos se corresponden a generaciones sucesivas, que se pueden clasificar como sigue: Algunos de estos derechos son libertades básicas que responden a una primera generación de estos derechos, como la inviolabilidad del hogar, el derecho a la propiedad, la prohibición de la detención arbitraria, etc..., aquí se busca limitar el poder de la autoridad real frente a las personas; La segunda generación de los derechos humanos son la expresión de que las personas en igualdad de condiciones deseen participar del poder político, aquí surgen los derechos políticos y el sistema democrático; en un tercer momento histórico político surgen los derechos económicos, sociales y culturales, que aquí los denominaremos como derechos sociales, que buscan concretar ciertos principios como de vida digna e igualdad de oportunidades, aquí el socialcristianismo es una corriente política que impulsa estos derechos en las grandes naciones europeas; luego tendríamos derechos de cuarta generación que son difusos, no tienen un objeto tan determinado como los anteriores, aquí tenemos el derecho a vivir en un medio ambiente libre de contaminación como lo señala el artículo 19nº8 de nuestra constitución[11]. En teoría constitucional se habla de generaciones de derechos fundamentales, la primera corresponde a los derechos políticos de las personas, como por ejemplo a libertad de participar en elecciones, fundar partidos políticos, manifestarse, reunirse; las libertades básicas, como de movimiento, pensamiento, conciencia y educación; y derechos civiles, como el derecho de propiedad, a la igualdad ante la ley y en la ley, etc. Estos derechos se manifiestan en que el Estado y sus poderes no pueden interferir en el goce y desarrollo de estos. Y si vulneran los tribunales de justicia

---

[11] La Constitución en el artículo19 N°8, señala: "El derecho a vivir en un medio ambiente libre de contaminación. Es deber del Estado velar para que este derecho no sea afectado y tutelar la preservación de la naturaleza.La ley podrá establecer restricciones específicas al ejercicio de determinados derechos o libertades para proteger el medio ambiente." Extraída de: https://www.bcn.cl/formacioncivica/constitucion.html (revisada el día 10 de febrero del 2020).

deben actuar en defensa de estos. Dentro de estos derechos reconocidos en las primeras constituciones se encuentran las garantías de igualdad ante la ley y el debido proceso. La primera garantía es una obligación al legislador para mantener fuera las distinciones caprichosas entre personas o grupos, y es una manifestación contra las históricas distinciones o títulos nobiliarios. Y la garantía de debido proceso es que todas las personas tenemos acceso a un proceso judicial racional y justo.
También en una segunda etapa evolutiva se generaron los Derechos Sociales, coincide con la denominada cuestión social de principios del siglo XIX. Son una manifestación del desarrollo de una sociedad industrial, donde la masa de obreros sufrió innumerables abusos por parte de la oligarquía industrial. Son mecanismos de protección de las personas en materia social, como el derecho a la seguridad social, asegurar existencia de un sistema previsional y un sistema de salud, derechos a sindicalizarse, a la huelga legal, etc. Estos derechos pueden y deben ser protegidos por la tutela judicial efectiva de los tribunales para que sean reales.
Los derechos sociales necesitan de contraprestaciones dinerarias que emanan del Estado, como el derecho a la educación, al acceso a un sistema de salud eficiente, el acceso a la vivienda. Estos derechos quedarán supeditados al nivel de recursos de cada Estado. Así los Estados Sociales de Derecho, como la mayoría de los países de Europa, aseguran muchos de estos derechos, pero con altas tasas impositivas a toda la población del país y poseen economías altamente industrializadas y digitalizadas, permitiendo grandes recaudaciones, y la concreción de estos derechos.
Existen también derechos de cuarta generación, se denomina que son difusos, porque engloban una totalidad de factores, como el derecho a vivir en un medio ambiente libre de contaminación y el derecho a descontaminación de las áreas, como derechos de última generación.

8.-¿La Constitución del 1980, reconoce derechos sociales?

R: Sí, algunos de ellos, los más importantes para el momento de redacción hace casi 40 años, como el derecho a la educación, la salud y seguridad social, dejando entregado a leyes especiales su concreción. Lamentablemente, el legislador de aquella época no los amparó con el recurso de protección. De allí su debilidad en este aspecto. Sí amparó el aspecto de que nadie podría ser discriminado arbitrariamente en el acceso de estos derechos. Constituyendo un sistema de protección oblicuo de dichos derechos.

8.-¿Para qué sirve una constitución?

R: Para reconocer derechos y deberes a las persona humana y limitar el poder del Estado. Separar los Poderes del Estado para generar un marco de legalidad reconocido por todos los habitantes de una nación y una paz social. Es el mecanismo del derecho que protege las garantías de libertad, igualdad y derechos humanos de todas las personas. No es una lista de deseos, ni menos una lista de sueños, la constitución es un instrumento del derecho normativo que refleja un devenir social, cultural y tecnológico.

9.-¿Existen constituciones sin formato de código?

R: Sí, por ejemplo la tradición constitucional de Inglaterra con la Carta Magna de Juan Sin Tierra (1215), en adelante se constituye como una constitución compuesta por muchas actas de derechos que generan una tradición jurídica constitucional, que no necesariamente es codificada y llega hasta el día de nosotros. Siendo la cuna del derecho constitucional dicho país.

10.-¿Cuántas constituciones ha tenido Chile en su historia?

R: Chile posee una larga y antigua historia constitucional, históricamente hemos tenido 10 constituciones. Podríamos decir que la primera constitución política de la república fue la de 1810. Debemos señalar que entre 1810 y 1833 existieron más de 8 constituciones, e inclusive un ensayo de modelo de Estado Federal[12].

Chile como nación en sus albores ensaya su modelo institucional político y define un sistema republicano democrático. En él se generan las bases de la división de poderes entre el Poder ejecutivo dirigido por un presidente, el Poder legislativo compuesto por dos cámaras de representantes y un Poder Judicial. No es hasta 1833 con la visión de don Diego Portales donde se establece una modelo constitucional estable y aceptado por la ciudadanía. Generando un sistema de gobierno marcadamente presidencialista y delimitando el poder político de los poderes del Estado. Casi cien años después, en 1925 se escribe una nueva constitución justamente por la petición de amplios sectores de la sociedad y en un marco de inestabilidad política social. Esta constitución de 1925 mantiene el régimen presidencialista. El gran avance es el reconocimiento de una amplia lista de derechos y deberes a los ciudadanos. Se crean órganos novedosos como los tribunales calificadores de elecciones. Se establece un fin social al derecho de propiedad. También en 1970 se reforma dicha constitución para crear el denominado Tribunal Constitucional.

11.-¿ Finalmente cómo podemos definir la constitución política de la república?

---

[12] Véase una interesante síntesis cronológicas de todas las constituciones de nuestra historia realizada por la Biblioteca del Congreso Nacional, en: https://www.bcn.cl/historiapolitica/constituciones/detalle_constitucion?handle=10221.1/60446 (revisada el 9 de febrero del 2020).

R: La podemos definir como la principal norma jurídica-social de una nación moderna. En ella se establece un límite al poder del Estado. Dicho poder se distribuye respetando el principio de separación de poderes del Estado, donde existe un Poder Ejecutivo (Presidente), Poder Legislativo (Congreso) y Poder Judicial (Tribunales de Justicia) y empoderando a los grupos intermedios, como la familia, las Ongs, colegios, iglesias, etc. También se establecen los derechos y deberes de los ciudadanos que emanan de su dignidad, donde se garantiza el ejercicio de estos derechos fundamentales para todas las personas sin distinción.

12.-¿En qué contexto se escribieron nuestras constituciones?. R: Los contextos históricos de nuestras constituciones nunca fueron tranquilos. Incluso la Constitución de 1833 surgió como reacción política social luego de la cruenta guerra civil que asoló nuestro país entre los años 1829-1830. Donde se convocó una Convención Constituyente al igual que hoy compuesta por 16 congresistas y 20 ciudadanos de conocida probidad y sabiduría.

---

[13] Existe una hermosa Carta del gran poeta Vicente Huidobro, que le escribe a la juventud del 1925 que luchó por justicia social en esa época, y les señala: "Por favor, amigos, no desmayéis. Nada nos importa el triunfo, pues sólo queremos afirmar esto: no creemos en ellos, ni en su ciencia, ni en su virtud, ni en su inteligencia, ni en su experiencia. Ellos nos han condenado a vivir en un país sin atractivos y nada interesante, han hecho de este país un país tal que el pueblo ha llegado a perder el sentido de la palabra patria y no sabe por qué debe amar su tierra.

Nuestro deber es resucitar este Lázaro, aún recién muerto, antes de que ya, podrido, tengamos que ir a buscar sus parcelas en el vientre de los gusanos. Hagamos un país hermoso y próspero para dejarlo a nuestros hijos y que no se vean obligados a huir de estos parajes como de una tierra maldita. Que ninguno de los sepultureros vuelvan a mostrar en la escena su cara amarillenta, con esto sólo Chile está salvado." Extraída de: https://www.vicentehuidobro.uchile.cl/cartas_2.htm (Revisada el día 12 de febrero del año 2020)

La Constitución de 1925 también surge en un contexto político social convulso debido al colapso de un régimen semiparlamentario, que rigió a chile los últimos 30 años. Las demandas sociales de las clases obreras y media presionaron al sistema político parlamentario el cual colapsó, debido a una inoperancia sistémica y a nuevas realidades políticas. Fueron los militares con el famoso "ruido de sables" de 1924 los que obligaron al Presidente Arturo Alessandri Palma a renunciar y salir de Chile. Luego este volvió por la inoperancia de la revuelta militar e inició la reforma de la constitución vigente hasta ese momento[13].

13.-¿Cómo se escribió la Constitución de 1980 y en qué contexto histórico?

R: La Constitución de 1980 se escribió en el seno de una comisión o grupo de expertos, juristas de amplia trayectoria. que iniciaron su trabajo en 1976 y se denominó: Comisión de Estudios de la Nueva Constitución Política. Presidió dicha comisión el destacado jurista Enrique Ortúzar, y estaba integrada por siete juristas, incluido Sergio Díez y Jaime Guzmán. El contexto histórico fue en pleno régimen militar con serias restricciones políticas y de libertades personales. También este contexto se enmarca en el contexto de la guerra fría y la inestabilidad latinoamericana por las revoluciones de corte socialista promovidas en todo el continente por el Ejec URRS/Cuba y la reacción de las dictaduras militares promovidas por la política exterior de EE.UU. Todo esto en plena guerra fría.

Fue aprobado el texto de la constitución de 1980 en un plebiscito con el 67 % a favor. Donde no existieron padrones electorales, ni campaña política libre. Lo que genera dudas de la legalidad de dicho plebiscito y la veracidad de dicho resultado.

14.-¿Cuántas veces se ha reformado la Constitución de 1980?

R: La constitución de 1980 se ha reformado múltiples veces, con 42 leyes de modificación constitucional, una de las principales reformas fue el año 1989, la que permitió la participación de mayores actores políticos y el inicio de la transición a la democracia.
La reforma del año 2005 promovida por el presidente Ricardo Lagos Escobar, quien reformó la Constitución como signo político de legitimación y fin de la transición a la democracia. Se terminaron con las instituciones de los senadores designados y se dotó de mayores atribuciones a las cámaras, como también al Tribunal Constitucional.

15.-¿Cuáles son las formas de redactar una constitución?

R: Existe un interesante estudio del PNUD Chile, del año 2015, que se denomina: "Mecanismos de cambio constitucional en el mundo. Análisis desde la experiencia comparada". Allí se describen como se han cambiado las constituciones en estos últimos decenios en el mundo. Los grandes formas de cambio constitucional que se detectan son: A) Poder legislativo (Constitución Española de 1978); B) Asamblea Constituyente (Italia, 1947; Colombia 1991; Venezuela 1999; Ecuador 2008; Bolivia 2009.); C) Comisión Constituyente o Comisión de expertos (Francia 1958; Suiza 1999)[14]. La fórmula que la colectividad política se decantó a utilizar se parece a la Asamblea Constituyente. Por lo tanto la Convención Constituyente se enmarca dentro de los procesos históricos nacionales, ya que se utilizó para redactar la Constitución de 1925 y ahora la nueva constitución. Si es que el plebiscito da por ganador a la alternativa de una nueva constitución.

---

[14] Véase el documento citado, denominado "Mecanismos de cambio constitucional en el mundo. Análisis desde la experiencia comparada": http://www.onu.cl/es/wp-content/uploads/2016/06/undp_cl_gobernabilidad_INFORME_Mecanismos_cambio_constitucional.pdf (revisado el día 1 de febrero del 2020)

Realmente lo que se necesita para tener una reforma constitucional exitosa es un marco de entendimiento, respeto y diálogo que se base en las normas de la democracia. O sea que todos los actores que participen lo hagan con la plena convicción democrática de buscar el bien común mediante el supremo respecto de los derechos humanos que emanan de la persona humana.

16.- ¿Qué es la soberanía popular o poder constituyente?

R: Una manifestación de esta soberanía popular o poder constituyente, es la existencia del plebiscito de entrada del día 26 de abril del 2020. Ya que según nuestra propia constitución vigente, dicha soberanía popular reside en la nación toda y nadie puede atribuírsela, el artículo 135 de la carta magna —recientemente agregado— se refiere a que la manifestación de la soberanía popular es a través de las elecciones y autoridades electas. Por lo tanto el poder para auto dotarnos de una constitución, reside en toda la nación y expresa el derecho al autogobierno y autodeterminación de un pueblo o nación. Por ello se debe realizar un ejercicio de democracia directa en tan importante cuestión.

Como es imposible votar todas las leyes de la nación mediante plebiscitos, impartir justicia o dirigir la nación, nuestro sistema delega la soberanía popular en los poderes del Estado, democráticamente electos mediante elección popular.

Según la teoría constitucional existen dos formas en que se expresa el poder constituyente. Se habla de poder original o primario, que se relaciona con el que escribe una constitución *ex novo*. Y el poder derivado que reforma la constitución existente vía un mismo poder establecido en la constitución como el Congreso Nacional. Todos estos poderes se logran expresar mediante la democracia participativa como modelo político y organizacional.

La sociedad chilena en el acuerdo del 15 de noviembre del 2019, decidió concienzudamente activar el poder originario. Pero esto se decidirá en el plebiscito de entrada del día 26 de abril del año 2020, cuando decidimos si queremos una nueva constitución o continuamos con la vigente.

17.- ¿Cómo se asegura que todas las expresiones de ciudadanía participen en el proceso constituyente?

R: Aclaremos que la participación de la ciudadanía en una democracia es por medio de la emisión del voto, de forma libre, secreta e informada. Por tres vías se expresa la soberanía popular en este proceso: Votando en el plebiscito de entrada sí a la nueva constitución o rechazando esta idea. Luego votando en la elección de los Convencionales Constituyentes, que son los ciudadanos que estudiarán, discutirán y redactarán la nueva constitución. Y en tercer término, mediante la ratificación del texto propuesto por el órgano convencional a través de un plebiscito nacional. En el caso sudamericano es tradicional este plebiscito ratificatorio. Más toda la participación ciudadana que debe darse en los debates constitucionales.

18.- ¿Se puede modificar la actual constitución, sin necesidad de reescribirla?.

R: La modificación de nuestra actual Constitución de 1980 se regula en el Capítulo XV. El poder constituyente derivado se radica en el Congreso Nacional, donde se exigen diversos quórums para reformar los capítulos de nuestra carta magna. Esto es una garantía de consenso suficiente y una exigencia de diálogo democrático a los actores políticos cuando nos enfrentamos a una reforma constitucional. Las constituciones también deben cumplir una función muy importante en un estado de derecho como es dotar de certeza jurídica a todo el sistema normativo.

La acción legislativa que busca proponer una reforma de la constitución actual, debe provenir de diputados, senadores, o del Presidente de la República. Para reformar la Constitución en materias generales, se necesitan los votos favorables de cada cámara, de los 3/5 de los diputados y senadores en ejercicio. Pero para cambiar los capítulos más trascendentales, tales como: El primero, denominado: Bases de la institucionalidad; El capítulo tercero, denominado: De los derechos y deberes constitucionales; El capítulo séptimo, denominado: Tribunal Constitucional; El capítulo onceavo, denominado: Fuerzas armadas, de Orden y Seguridad Pública; El capítulo doceavo, denominado: Consejo de Seguridad Nacional, y el capítulo décimo quinto, denominado: Reforma de la Constitución. Para modificar estos capítulos se necesitará la aprobación de los 2/3 de diputados y senadores en ejercicio en cada Cámara.

19.- ¿La democracia como forma de gobierno, es un derecho o un deber? R: La democracia (*demokratia*, en griego) como concepto y forma de gobierno, nació en la Grecia clásica. Específicamente en la ciudad de Atenas en el siglo IV a.C. y este concepto describe una de las formas de gobierno posibles en la comunidad política. El florecimiento más espectacular del viejo concepto de democracia fue en el momento histórico de Atenas de Pericles[15]. Para colmo, Platón el gran filósofo de la antigüedad, fue su detractor principal, junto a Aristóteles, pero este mismo combate filosófico permitió que perdurara el concepto en el humus vital del pensamiento occidental, hasta el resurgir del siglo XVII del concepto democracia, sobre todo con la revolución americana y luego la revolución francesa.[16] Las ideas de la ilustración son claves para entender cómo la idea de la democracia representativa se reimplanta en la historia de las ideas políticas de occidente y se vuelve un motor de desarrollo social, cultural y económico. Por ello no podemos decir que la democracia es un derecho o deber, es más bien un sistema de gobierno. Pero si un requisito de existencia para el Estado liberal aconfesional y tolerante, que constituye la República democrática de Chile, donde las autoridades representan a sus electores y estas son elegidas mediante elecciones regulares, informadas y secretas.

El desafio actual es generar una democracia deliberativa como señalla Dunn donde las decisiones sean tomadas en conciencia de una ética que busca que cada decisión sea reflexiva, antenta y de buena fe, deben tomarse deciciones con participación de quienes afecten dichas acciones, escuchando a la gente[17], o sea las decisiones de la democracia deliberativa deben mirar la concreción del bien común y despojarse del denominado orden del eogismo que Dunn y otros autores identifican al dinero como objetivo del poder y una buena parte del objetivo del dinero es el poder, esta es una vieja idea desarrolla por Thomas Hobbes, y que tiene atrapadas a muchas democracias, incluyendo a la Chilena.

20.-¿ Por qué se habla de democracia digital y e-participación?

R: Asistimos a la cuarta revolución industrial. La del conocimiento y las comunicaciones, el desarrollo de Internet 2.0 y las Tics —tecnologías de la comunicación— es el motor de este proceso.

El mundo cambia a pasos agigantados. El mundo digital, la inteligencia artificial, en conjunto con la globalización, representan un reto al concepto de democracia representativa. Hoy el clamor de cada ciudadano se puede expresar en Internet mediante las redes sociales y en los foros de discusión generados por doquier, también permite que estos se organicen y comuniquen, de una manera casi instantánea, los pensamientos políticos.

---

[15] Véase desarrollada la historia de la democracia en occidente en: **Dunn, John**, "Libertad para el pueblo historia de la democracia", trad. Víctor Altamirano, 1° reimpresión, FCE. Ciudad de México, 2014, pp.37 y ss.

[16] Véase: **Bobbio, Norberto**, "Liberalismo y Democracia", México, FCE, 2013. Pp.20 y ss.

[17] **Dunn, John**, "Libertad para el pueblo historia de la democracia", trad. Víctor Altamirano, 1° reimpresión, FCE. Ciudad de México, 2014, pp. 281.

La e-democracia es un término novedoso, pero que encierra el futuro de nuestras comunidades políticas, la politóloga alemana Elaine Ford, señala que: "...se basa en la activa participación e interacción ciudadana con autoridades y gobierno, mediante el uso de medios digitales para influir en las políticas públicas y en la toma de decisiones."[18]. La e-participación es parte de este concepto, ya que es la parte activa donde se debate o delibera, lo que es la esencia de la democracia, aquí sucede el diálogo público-privado que permite tener democracias representativas altamente vinculadas con las necesidades reales de la ciudadanía. Así vemos que la crisis de legitimidad del mundo político en general, podría solventar con mayor e-participación y por la tanto con e-democracia.

---

[18]**Ford, Elaine**, "El reto de la democracia digital. Hacia una ciudadanía interconectada", primera edición, Konrad Adenauer Stiftung, Pp.42.

21.-¿ Qué es el bien común, se encuentra tratado en la constitución?

R: El bien común como concepto choca hoy con un denominado "orden del egoismo" que hoy predomina, donde muchas veces: está tratado en el artículo primero de la Constitución de 1980, como un fin del Estado al cual debe propender. El concepto de bien común permea todo el constitucionalismo europeo continental. Reconoce la naturaleza social del ser humano, y entiende que el bien de cada uno dependerá del bien del conjunto, inclusive el catecismo de la Iglesia católica se atreve a definir el bien común como: "el conjunto de aquellas condiciones de la vida social que permiten a los grupos y a cada uno de sus miembros conseguir más plena y fácilmente su propia perfección". Este viejo y rico concepto deviene de la naturaleza política de las sociedades humanas, desarrollada por Santo Tomás de Aquino en la *Summa Teológica*, siguiendo el razonamiento de Aristóteles al tratar de la política, donde se explica que el Estado de derecho debe subordinarse al bien común. Se desarrolló dicha idea tomista en el siglo XX con especial fuerza por las encíclicas sociales, la primera de ellas *Rerum Novarum* del Papa Pío XII, que tuvo amplia repercusión en las ideas políticas en la Europa post primera guerra mundial[19]. El bien común se descubre por la razón humana (libre y voluntariamente) y por ello deriva de su naturaleza. Posee una objetividad cognoscible por la comunidad política ya que busca el provecho de toda la comunidad, lo que obliga al Estado y al ciudadano por igual a servir, buscar y cooperar en la construcción del bien común.

---

[19]**El catecismo de la Iglesia Católica** desarrolla una doctrina del bien común compleja y completa, de dicho concepto elemental de la teoría política occidental, desde el punto 1905 al 1912 se trata de forma magistral, para mayor ilustración, transcribiremos este estos puntos aquí: "**II. El bien común**

1905 Conforme a la naturaleza social del hombre, el bien de cada cual está necesariamente relacionado con el bien común. Este sólo puede ser definido con referencia a la persona humana:

«No viváis aislados, cerrados en vosotros mismos, como si estuvieseis ya justificados, sino reuníos para buscar juntos lo que constituye el interés común» (*Epistula Pseudo Barnabae*, 4, 10).**1906** Por bien común, es preciso entender "el conjunto de aquellas condiciones de la vida social que permiten a los grupos y a

El bien personal es producto del bien social cuyo fin es la perfección de la persona humana, el bien social y personal nunca se contraponen, ambos bienes cooperan en la concreción del denominado bien común.

---

cada uno de sus miembros conseguir más plena y fácilmente su propia perfección" (GS 26, 1; cf GS 74, 1). El bien común afecta a la vida de todos. Exige la prudencia por parte de cada uno, y más aún por la de aquellos que ejercen la autoridad. Comporta *tres elementos esenciales*: **1907** Supone, en primer lugar, el *respeto a la persona* en cuanto tal. En nombre del bien común, las autoridades están obligadas a respetar los derechos fundamentales e inalienables de la persona humana. La sociedad debe permitir a cada uno de sus miembros realizar su vocación. En particular, el bien común reside en las condiciones de ejercicio de las libertades naturales que son indispensables para el desarrollo de la vocación humana: "derecho a actuar de acuerdo con la recta norma de su conciencia, a la protección de la vida privada y a la justa libertad, también en materia religiosa" (cf GS 26, 2).**1908** En segundo lugar, el bien común exige el *bienestar social* y el *desarrollo* del grupo mismo. El desarrollo es el resumen de todos los deberes sociales. Ciertamente corresponde a la autoridad decidir, en nombre del bien común, entre los diversos intereses particulares; pero debe facilitar a cada uno lo que necesita para llevar una vida verdaderamente humana: alimento, vestido, salud, trabajo, educación y cultura, información adecuada, derecho de fundar una familia, etc. (cf GS 26, 2).**1909** El bien común implica, finalmente, la *paz*, es decir, la estabilidad y la seguridad de un orden justo. Supone, por tanto, que la autoridad asegura, por medios honestos, la *seguridad*de la sociedad y la de sus miembros. El bien común fundamenta el derecho a la legítima defensa individual y colectiva.**1910** Si toda comunidad humana posee un bien común que la configura en cuanto tal, la realización más completa de este bien común se verifica en la *comunidad política*. Corresponde al Estado defender y promover el bien común de la sociedad civil, de los ciudadanos y de las instituciones intermedias.**1911** Las interdependencias humanas se intensifican. Se extienden poco a poco a toda la tierra. La unidad de la familia humana que agrupa a seres que poseen una misma dignidad natural, implica un *bien común universal.* Este requiere una organización de la comunidad de naciones capaz de "[proveer] a las diferentes necesidades de los hombres, tanto en los campos de la vida social, a los que pertenecen la alimentación, la salud, la educación [...], como en no pocas situaciones particulares que pueden surgir en algunas partes, como son [...] socorrer en sus sufrimientos a los refugiados dispersos por todo el mundo o de ayudar a los emigrantes y a sus familias" (GS 84, 2).

1912 El bien común está siempre orientado hacia el progreso de las personas: "El orden social y su progreso deben subordinarse al bien de las personas y no al contrario" (GS 26, 3). Este orden tiene por base la verdad, se edifica en la justicia, es vivificado por el amor." Extraída de página web del vaticano en: http://www.vatican.va/archive/catechism_sp/p3s1c2a2_sp.html (Revisada el 12 de enero del 2020).

Hoy existe un gran movimiento denominado economía del bien común impulsada por el economista austriaco C. Felber, dicha doctrina económica busca neutralizar las acciones egoístas y destructivas presentes en la vieja teoría económica y política, y que se vislumbran sus efectos con fuerza en la economía posmoderna. Este movimiento de Felber busca subordinar la vida económica y política del hombre a la concreción del bien común por sobre los bienes sectoriales o individuales y es una expresión laica y posmoderna del principio del bien común.

22.-¿Qué son los derechos humanos o derechos fundamentales?

R: Para este autor en la práctica son expresiones análogas, derechos humanos y derechos fundamentales significan lo mismo. Los derechos humanos o derechos fundamentales son aquellos derechos que emanan de la naturaleza racional y libre de la persona humana, se reconocen por el Estado en las constituciones y tratados internacionales sobre DDH. Obligan al Estado y todos los miembros de una sociedad política a reconocerlos, respetarlos, promoverlos y restaurarlos si son violentados.

Para algunos autores como el profesor Costa Douzinas los derechos humanos son una construcción política histórica de resistencia a la opresión y abuso del poder, tanto publico como privado, no son la concreción de meros deseos- se debe superar la visión psicoanalita de los derechos humanos-, mas bien son la concreción de una dignidad suprema basada en la persona humana como sujeto preferente del derecho, señala: "Los derechos humanos pierden su finalidad cuando dejan de ser un discurso y una práctica de resistencia a la opresión y la dominación pública y privada, y se convierten en la herramienta de la política exterior de los superpoderes del mundo actual, la ética de una "misión civilizadora" contemporánea cuyo objeto es la extensión del capitalismo y la democracia a las tinieblas más oscuras del planeta"[20].Hoy señala este autor está siendo manipulada por los deseos de ciertos colectivos poderosos, este autor postula que hoy lo que se llama derecho humano es más un capricho de ciertos lobbies poderosos que desean imponer una civilización por la fuerza.[21] Para otros autores como el alemán R. Alexy, los derechos fundamentales son mandatos de perfeccionamiento social, contenidos en la norma fundamental, esta visión mas positivista predomina en una interpretación progresiva de los derechos humanos.

23.-¿Qué son los derechos económicos, sociales, culturales y políticos?

R: Los derechos económicos, sociales y culturales, emanan de la dignidad humana y son manifestaciones de la tercera generación de derechos humanos o fundamentales, son derechos que obligan al Estado a realizar acciones concretas en favor de la dignidad económica, social y cultural de las personas. Se vinculan con la concreción del principio del bien común y los anhelos de justicia social, desarrollo cultural y libertades políticas plenas.

---

[20] **Douzinas, Costas**. "The End of Human Rights. Hart Publishing; UK ed. edition (September 10, 2000). pp. 380 y siguientes.

Los derechos sociales deben ser concretados por la política pública social de un Estado. Los poderes legislativo y ejecutivo, deben crear las leyes sectoriales necesarias para garantizar, de acuerdo al nivel de desarrollo socioeconómico de la nación, dichos derechos. Ya que los derechos sociales necesitan un presupuesto público para poder ser concretados y garantizar la disposición a compartir nuestros excedentes con quienes más los necesitan, las personas todas debemos pagar nuestros impuestos y exigir que se los cobren a las grandes compañías. Los Estados europeos poseen una fuerte tradición de derechos sociales constitucionalizados, pero también una gran cantidad de riqueza acumulada por siglos de colonialismo y desarrollo industrial, que les permitió trasladar recursos para otorgar derechos a la vivienda, la salud, y educación de calidad a las poblaciones más desfavorecidas. Hoy los Estados benefactores europeso se encuentran sumidos en graves crisis fiscales y de sustentabilidad economica debido a las inumerables presiones de la globalización sobre las economias y formas de producción locales.

24.- ¿Por qué se dice que la actual Constitución contempla un Estado subsidiario?

R: Nuestra constitución actual no establece un Estado subsidiario propiamente tal, ya que eso no existe. Solo se reconoce una vieja garantía constitucional como es la autonomía de la sociedad civil ante el poder del Estado, en la intervención de la vida social, política y cultural.
Es el artículo primero de la constitución de 1980 donde se reconoce el principio de subsidiariedad como: "(...) autonomía de los grupos intermedios a través de los cuales se organiza y estructura la sociedad."

La subsidiariedad es un principio reconocido como base de un Estado liberal de derecho, así mismo lo reconoce el Artículo 5 del Tratado de la Unión Europea, o Tratado de Lisboa[22]. El principio de subsidiariedad también establece una obligación a los Estados para intervenir cuando sea necesario ayudar a lograr sus fines a los grupos intermedios y ciudadanos, cuando estos no pueden llevarlos adelante solos. Así que podríamos decir que el principio de subsidiariedad impulsa al Estado a actuar cuando las personas no pueden proveerse ciertos servicios y bienes básicos indispensables. Por lo tanto existe una faz negativa del principio de subsidiariedad que es la limitación de la intromisión estatal en aspectos políticos, sociales, economicos, y culturales cuando la sociedad civil cumple con sus objetivos; pero tambien existe una mandato positivo en principio de subsidiariedad que significa cuando la sociedad civil deja de cumplir sus funciones en pos al bien común el Estado debe actuar y proveer los servicios necesarios para asegurar la concreción del bien común. El principio de subsidiariedad debe verificarse con un denominado de proporcionalidad que debe guiar todas las decisiones públicas.

25.-¿Cuál es la finalidad u objetivo del Estado según la actual Constitución?

R: Según el artículo primero de la actual Constitución Política de la República de Chile, se establece una visión humanista cristiana del Estado, el cual está al servicio de la persona humana y el fin principal de la norma constitucional es promover el bien común. Se mandata al Estado a contribuir para el desarrollo espiritual y material de las personas en concordancia con los derechos que emanan de la especial dignidad y singularidad de la persona humana, estos derechos son fundamentales porque corresponde a todos sin distinción de raza, religión, estatus social o sexo.

---

22 Vease una pequeña explicación en la pagina oficial de la UE sobre el principio de subsidiariedad y el funcionamiento de los Estados de la UE, en: https://eur-lex.europa.eu/legal-content/ES/TXT/?uri=legissum:ai0017 (Revisada el día 7 de febrero del 2020)

26.-¿Qué establece la Constitución de 1980 sobre las pensiones?. R: La seguridad social es derecho reconocido por la Constitución de 1980. Dentro de ese derecho que establece diferentes prestaciones, se encuentra el ítem de pensiones. En el artículo 19 Nº18 se establece su contenido, características y marco general. El modelo constitucional de 1980 no desarrolla in extenso los derechos sociales como lo hemos visto. Más bien se deja al Poder Legislativo y Poder Ejecutivo la misión de dotar de contenido y forma previa al derecho de la seguridad social y en especial el acceso a un sistema de pensiones. Aquí la ley paradigmática es el Decreto Ley 3.500 que establece el sistema de capitalización individual de pensiones, el cual fue innumerables veces modificado en el desarrollo democrático del país. Lo paradigmático de nuestra constitución es que no se garantiza constitucionalmente el derecho a una pensión digna o a prestaciones básicas en salud, más bien se señala: "garantizar el acceso de todos los habitantes al goce de prestaciones básicas uniformes, sea que se otorguen a través de instituciones públicas o privadas". El concepto de prestaciones básicas uniformes nada nos señala respecto a la cantidad y calidad de ellas, cuestión que nuestro sistema está en deuda. En este sentido el gran sociólogo polaco Zygmunt Bauman señaló respecto a la pobreza en nuestra sociedad de consumo, que eran invisibilizados, así mismo los derechos sociales en las políticas públicas se han visto muchas veces como un gasto que no tiene sentido, porque es un saco roto, siempre tendremos pobreza e invertir en ella muchas veces no da resultados, Bauman reflexiona al respecto: "Los sufrimientos de los pobres contemporáneos, los pobres de la sociedad de consumidores, no hacen causa común. Cada consumidor fallado se lame las heridas en soledad, en el mejor de los casos."[23] Quizás llegó el momento de establecer estándares mínimos básicos dignos para las prestaciones uniformes de nuestra seguridad social, este sería un hermoso desafío para la discusión de los derechos sociales y su concreción en un mundo donde el déficit fiscal no puede ser la solución a los problemas y donde toda la matriz de la economía cambiara por la irrupción de la robótica e inteligencia artificial.

---

[23] Véase en: **Bauman, Zygmunt,** "Vida de consumo", Trad. Mirta Rosenberg y Jaime Arrambide, México, FCE, 2007, PP. 171 y siguientes.

27.-¿Qué dice la Constitución de 1980 sobre el derecho a la educación?

R: El derecho a la educación, quizás es uno de los pilares más desconocidos del sistema democrático, siguiendo a Platón que ya identificaba la educación como la base para la existencia de la polis.

Está reconocido en la Constitución de 1980, en el artículo 19 Nº10. Como sucede en la mayoría de los derechos sociales de nuestra constitución, este no está tratado in extenso, sabemos que la técnica legislativa constitucional moderna rehúye de los tratamientos intensivos de los derechos sociales, porque están sometidos a los vaivenes presupuestarios de los Estados y al desarrollo tecnológico y jurídico. Por eso a este derecho lo concretan las leyes generales.

En el artículo 19 nº10 se reconoce a los padres de familia la función de educar a sus hijos de forma preferente. También se le impone al Estado un deber de: "promover la educación parvularia, para lo que financiará un sistema gratuito a partir del nivel medio menor", ya que los estudios de la neurociencia moderna establecen que la estimulación temprana de los niños permite mejorar sus posibilidades futuras de terminar los ciclos educativos posteriores.

Se contempla en este derecho un deber estatal, el de proveer una educación gratuita y obligatoria para toda la población, en los niveles básica y media. También concretando el principio de bien común y servicialidad a la persona humana establecidos en el artículo primero de la constitución, que deben guiar toda actuación estatal, se establece un segundo deber para el Estado el de: "fomentar el desarrollo de la educación en todos sus niveles; estimular la investigación científica y tecnológica, la creación artística y la protección e incremento del patrimonio cultural de la Nación". Recientemente se ha creado en el año 2019 el Ministerio de las Ciencias, como un paso más para cumplir las obligaciones que emanan de este importante derecho.

28.-¿Qué dice la Constitución de 1980 sobre el derecho a la salud y cómo se relaciona con el precio de bienes básicos como los medicamentos?

R: La Constitución de 1980, reconoce el derecho a la protección de la salud en el artículo 19 N° 9. Pero no se entra en detalles técnicos de cómo se desarrollarán las prestaciones de salud, ni su calidad y forma de financiarlas. El contenido de este derecho social queda entregado a la ley general. Esto significa que el precio de todo medicamento se regula mediante las reglas del libre mercado y si fuese necesario intervenir este sector de la economía mediante una ley especial.
Algunos Ejemplos de leyes que regula este importante derecho social es la reciente Ley N° 20.724, que modificó el Código Sanitario en materia de regulación de farmacias y medicamentos, donde se incorpora la obligatoriedad de vender ciertos remedios bioequivalentes.
Los alimentos como frutas y verduras son importantes para la salud humana, y la Ley de Etiquetados de alimentos es un aliciente para su consumo. Pero creemos que el Estado debe tender a eliminar el impuesto IVA a dichos alimentos.

29.-¿Qué dice la Constitución de 1980 sobre los sueldos y remuneraciones?

R: Los sueldos de los trabajadores dependen de una serie de factores. Tales como nivel educacional del trabajador, experticia en el área de trabajo, cantidad de horas trabajadas, cantidad de mano de obra calificada en el sector productivo donde el trabajador vende su trabajo, etc.

El sueldo es un derecho básico de cada trabajador al realizar un trabajo de forma libre. El trabajo debe ser remunerado, y dicho pago debe ser suficiente para proveer las necesidades básicas del hombre en sociedad. Lamentablemente, muchas veces en las economías subdesarrolladas, los salarios no permiten estándares de vida mínimos, como sucede en el caso chileno para tantos trabajadores. Entendiendo que los trabajadores son una parte débil de la relación laboral, existe en Chile una Ley de Salario Mínimo, que fija justamente el valor mínimo de la hora trabajada, con el fin de que no existan abusos por parte de los agentes económicos que requieren mano de obra. Aunque dicho salario mínimo tampoco alcanzaría para mantener un estándar de vida adecuado, el Estado en su deber debe mantener programas sociales, como subsidios a la vivienda, al arriendo, al pago de gastos básicos y otras prestaciones dinerarias para apoyar a esas familias que se encuentran en la línea de la pobreza. En Chile existe un 10% de la población que vive bajo la línea de la pobreza, aunque en 1980 esas cifras se elevaban al 40% de la población. Aún no es suficiente para cumplir con los estándares mínimos de justicia social y derechos económicos mandatados por el bien común.
La Constitución de 1980 protege el derecho a la libertad de trabajo en el artículo 19 N° 16. Allí se señala que toda persona tiene derecho a una justa retribución por su trabajo, la cual depende de la libertad contractual que emana de la voluntad de las partes.

30.-¿Qué dice la Constitución respecto de la propiedad sobre las autopistas y carretera?

R: La propiedad de carreteras y caminos, se regula mayormente en el Código Civil, dicho código escrito por el Jurista Andrés Bello es expresión del movimiento revolucionario de la codificación que se inicia en Europa del siglo XVIII luego de la Revolución Francesa.

El artículo 589 del Código Civil señala que: carreteras, caminos, calles, plazas, son de propiedad del Estado, y se les denomina: "bienes nacionales de uso público". Lo que se ha establecido en Chile es una ley de concesiones pública que permite a empresas privadas que desarrollen proyectos de infraestructura en dichos "bienes nacionales de uso público". Así consorcios internacionales autorizados por el Estado —bajo un contrato de concesión que los autoriza y ampara— construyen e implementan carreteras en el territorio nacional. Dichas empresas pagan la obra con el producto de los peajes, dichas concesiones son temporales y se deben a las reglas que las leyes y contratos especiales determinan.
Dicha política pública de concesiones, en la práctica, ha privatizado el uso y goce de las carreteras, y hoy genera gran malestar en la población, que ve como aumentan los precios y no la calidad del servicio de dichas concesiones.
Podemos decir que dicha política pública en números ha permitido liberar miles de millones de dólares al erario público en inversiones, y ha entregado otros cientos millones de dólares en impuestos, ya que las concesionarias deben pagar los impuestos a la renta que correspondan.
Por ello hoy es urgente revisar los contratos de concesión y ajustarlos a la realidad social nacional.

31.- ¿ El agua en Chile está privatizada?

R: No, en principio lo que existe es una propiedad sobre un derecho de aprovechamiento —el uso y goce— según lo señala el artículo 19 nº 24 inciso final de la Constitución de 1980. El artículo 5 del Código de Aguas, en concordancia con el artículo 595 del Código Civil, señala que todas las aguas son de propiedad del Estado, y por eso son bienes nacionales de uso público, al igual que carreteras, caminos, puentes y plazas.

Perfectamente el Estado podría iniciar un proceso de expropiación de dichos derechos de aprovechamiento cuando el principio de bien común y servicialidad a la persona humana lo indiquen, argumentando el artículo primero de la Constitución Política, por ejemplo con el fin de salvar vidas animales y humanas. Este principio de expropiación como expresión de la búsqueda del bien común, se encuentra en el propio código de aguas, que lo reconoce en el artículo 27 que señala: "Cuando sea necesario disponer la expropiación de derechos de aprovechamiento para satisfacer menesteres domésticos de una población por no existir otros medios para obtener agua, deberá dejarse al expropiado la necesaria para iguales fines"

El Código de aguas en el artículo 129 bis 4 y siguientes, establece un sistema de patentes sobre ciertos derechos de agua que al no ser utilizados deben pagar un derecho en beneficio Fiscal; también existe la posibilidad de establecer un caudal mínimo ecológico de los afluentes como acto de autoridad con el fin de proteger el medio ambiente. Por lo tanto no podemos decir que las aguas sean privadas, más bien el aprovechamiento de ellas por acto de autoridad es transferido a los particulares, pero como podemos ver dichos derechos pueden ser reducidos en pos de establecer un caudal mínimo ecológico, o ser expropiados para dar agua a una población humana y animal.

El Código de aguas de 1980 también está a punto de ser renovado y una de sus innovaciones es la limitación temporal del derecho real de aprovechamiento, que hoy es indefinido y genera una distorsión en el acceso a dicho aprovechamiento en las comunidades. Hoy se quiere limitar a un cierto número de años, renovable, cuando se cumplan ciertas condiciones, para evitar el acaparamiento de derechos de agua en cuencas con escasez hídrica.

32.-¿Qué son los Derechos Humanos, están consagrados en la Constitución actual?

R: Los derechos humanos son expresión de la dignidad de la persona humana, el alto Comisionado de Naciones Unidas así los parte definiendo, como: "atributos inherentes a todos los seres humanos (...)[24]. Son anteriores, superiores e inviolables para los Estados, en la Declaración de Derecho del Hombre, de 1948, surgen como un concepto univeral y se señala en su artículo primero: "*Todos los seres humanos nacen libres e iguales en dignidad y derechos y, dotados como están de razón y conciencia, deben comportarse fraternalmente los unos con los otros". Luego en su artículo segundo: "Toda persona tiene todos los derechos y libertades proclamados en esta Declaración, sin distinción alguna de raza, color, sexo, idioma, religión, opinión política o de cualquiera índole, origen nacional o social, posición económica, nacimiento o cualquier otra condición".*

Dichos derechos humanos se expresan en la Constitución en el Artículo 19 en sus diferentes numerales. En dicho catálogo se establecen solo algunos D.D.H.H como por ejemplo: El derecho a la vida, integridad física y psíquica; la inviolabilidad del hogar y las formas de comunicación privadas; la libertad de conciencia y culto; la libertad de prensa; el derecho al acceso a un proceso judicial racional y justo; la prohibición de la tortura y otras formas de maltrato, la igualdad ante la ley y en la ley, son todos derechos que emanan de esta naturaleza humana racional y libre. Tambien en nuestra constitución de 1980 el terrorismo es una amenaza a los derechos humanos, se señala en el artículo noveno: "El terrorismo, en cualquiera de sus formas, es por esencia contrario a los derechos humanos".

[24] "*Según las Naciones Unidas, los Derechos Humanos pueden definirse como atributos inherentes a todos los seres humanos, sin distinción alguna de nacionalidad, lugar de residencia, sexo, origen nacional o étnico, color, religión, lengua, género o cualquier otra condición. Todos tenemos los mismos Derechos Humanos, sin discriminación alguna. Estos derechos están interrelacionados, son interdependientes e indivisibles (Oficina del Alto Comisionado de Naciones Unidas para los Derechos Humanos).",* Extraido de la pagina web de la Biblioteca del Congreso Nacional, en: https://www.bcn.cl/formacioncivica/detalle_guia?h=10221.3/45660 (Revisado el día 18 de febrero del 2020)

Los derechos humanos son por esencia dinámicos y tienen un mismo valor intrínseco unos de otros. Pero existen métodos para ponderarlos a luz del caso concreto siguiendo la teoría del jurista alemán Robert Alexy.
Al ser dinámicos los DDHH se encuentra una progresiva expansión, junto con la conciencia moral humana. Por ello el artículo 5 inciso segundo de nuestra actual constitución estableció que los tratados constitucionales que versan sobre DDHH ratificados por Chile poseen un rango de ley constitucional.
Respecto a los derechos humanos y su dimensión universal, el gran jurista Costa Douzinas señaló lo que era la esencia de esto como un reconocimiento de la singularidad del otro-como persona humana única e irrepetible-, como la esencia de la universalidad de los derechos humanos: "Este otro no puede ser el "hombre" universal del liberalismo ni el "sujeto" formalita y abstracto del derecho. El otro es siempre una persona singular y única que se sitúa en determinado tiempo y lugar, con una especial historia, género, necesidades y deseos. Si existe algo realmente "universal" en el lenguaje de los derechos humanos, si algo metafísico subyace a ellos, eso sería tal vez el reconocimiento del carácter único del otro y de mi deber moral de protegerlo. Este otro único transciende la historia y abre la perspectiva a un principio de justicia posmoderno." [25]
Las palabras de Douzinas nos muestran la profundidad de la dimensión antropológica del concepto de derechos humanos en la posmodernidad, y nos desafían a superar el relativismo, existe un bien que siempre debe ser amparado y protegido, es ese rostro humano diverso y único a la vez, la persona humana en su unicidad debe ser el fin de todo sistema normativo protector de los derechos humanos.

33.-¿Cuáles son y dónde están consagrados los principales derechos humanos, economico, políticos y culturales, reconocidos por Chile?

---

[25] **Douzinas, Costas**, "El fin(al) de los derechos humanos", en Anuario de Derechos Humanos, Nueva Época, Vol. 7.t. 1.2006, pp.340.

R: En el artículo 19 y sus diferentes númerales[26] de la actual Constitución, y sobre todo en los tratados internacionales de DDHH ratificados por Chile, los cuales tienen rango constitucional en virtud del artículo 5[27] de la Constitución de 1980 y son según la página del Ministerio de Relaciones Exteriores de Chile, los siguientes:

"1.Convención Internacional sobre la Eliminación de todas las Formas de Discriminación Racial de 1965. Ratificada por el Estado de Chile el 20 de octubre de 1971.

2. Pacto Internacional de Derechos Civiles y Políticos de 1966. Ratificado por el Estado de Chile el 10 de febrero de 1972. Protocolo Facultativo del Pacto Internacional de Derechos Civiles y Políticos de 1966. Ratificado por el Estado de Chile el 27 de mayo de 1992. Segundo Protocolo Facultativo del Pacto Internacional de Derechos Civiles y Políticos destinado a abolir la pena de muerte de 1989. Ratificado por el Estado de Chile el 26 de septiembre de 2008.

3. Pacto Internacional de Derechos Económicos, Sociales y Culturales de 1966. Ratificado por el Estado de Chile el 10 de febrero de 1972.

4. Convención sobre la Eliminación de Todas las Formas de Discriminación contra la Mujer de 1979. Ratificada por el Estado de Chile el 7 de diciembre de 1989.

---

[26] "En el caso chileno, entre los derechos constitucionales contamos el derecho a la vida y los derechos a la integridad física y psíquica de la persona (artículo 19 N° 1 CPR), la igualdad ante la ley (artículo 19 N° 2 CPR), la igual protección de la ley y el debido proceso (artículo 19 N° 3 CPR), el derecho a la protección de la vida privada y la honra (artículo 19 N° 4), la libertad de conciencia (artículo 19 N° 6), el derecho a la libertad personal y la seguridad individual (artículo 19 N° 7), el derecho a vivir en un medio ambiente libre de contaminación (artículo 19 N° 8), la libertad de emitir opinión (artículo 19 N° 12), el derecho de presentar peticiones respetuosas a la autoridad (artículo 19 N° 14), el derecho de asociarse sin permiso previo (artículo 19 N° 15), el derecho de propiedad (artículo 19 N° 24), entre otros." Extraido del curso de educación Civica de la Biblioteca del Congreso Naiconal, en: https://www.bcn.cl/formacioncivica/detalle_guia?h=10221.3/45660 (Revisada el día 18 de febrero del 2020).

[27] Artículo 5 inciso segundo Constitución de 1980, señala: "*El ejercicio de la soberanía reconoce como limitación el respeto a los derechos esenciales que emanan de la naturaleza humana. Es deber de los órganos del Estado respetar y promover tales derechos, garantizados por esta Constitución, así como por los tratados internacionales ratificados por Chile y que se encuentren vigentes" (artículo 5° inciso segundo)."*

5. Convención contra la Tortura y Otros Tratos o Penas Crueles, Inhumanos o Degradantes de 1984. Ratificada por el Estado de Chile el 30 de septiembre de 1988. Protocolo Facultativo de la Convención contra la Tortura y otros Tratos o Penas Crueles, Inhumanos o Degradantes de 2002. Ratificado por el Estado de Chile el 12 de diciembre de 2008.
6. Convención sobre los Derechos del Niño de 1989. Ratificada por el Estado de Chile el 13 de agosto de 1990. Protocolo Facultativo de la Convención sobre los Derechos del Niño relativo a la venta de niños, prostitución infantil y la utilización de niños en la pornografía, de 2000. Ratificado por el Estado de Chile el 06 de febrero de 2003. Protocolo Facultativo de la Convención sobre los Derechos del Niño relativo a la participación de niños en los conflictos armados de 2000. Ratificado por el Estado de Chile el 31 de julio de 2003. Protocolo Facultativo de la Convención sobre los Derechos del Niño, relativo a un procedimiento de comunicaciones, de 2011. Ratificado por el Estado de Chile el 1 de septiembre de 2015.
7. Convención Internacional sobre la Protección de los Derechos de Todos los Trabajadores Migratorios y de sus Familiares de 1990. Ratificada por el Estado de Chile el 21 de marzo de 2005.
8. Convención Internacional para la Protección de todas las Personas contra las Desapariciones Forzadas, de 2006. Ratificada por el Estado de Chile el 8 de diciembre de 2009.
9. Convención sobre los Derechos de las Personas con Discapacidad de 2006. Ratificada por el Estado de Chile el 29 de julio de 2008. Protocolo Facultativo de la Convención sobre los Derechos de las Personas con Discapacidad de 2006. Ratificado por el Estado chileno el 29 de julio de 2008."[28]

34.-¿La economía se regula por la Constitución Política? ¿Tiene algún papel para el modelo de desarrollo?

---

[28] Véase en la página web del MINREL, cada uno de los Tratados de derechos humanos firmados y ratificados por Chile, en : https://www.derechoshumanos.gob.cl/ddhh/sistema-universal-de-ddhh/tratados-internacionales-y-convenciones/tratados-internacionales (Revisada el día 9 de febrero del 2020)

R: La teoría constitucional moderna habla de una constitución económica dentro de la Constitución política de 1980. Antes de este concepto se hablaba de un orden público económico, concepto que engloba todo el marco regulatorio de los sectores de la economía tratado por leyes especiales.

La denominada constitución económica se expresa en la defensa del derecho de propiedad, la necesidad de leyes especiales para la autorización a establecer empresas del Estado (límites del Estado Empresario); existencia de recursos judiciales en defensa de la propiedad privada como son el Recurso de Protección y el denominado Amparo Económico. Se entiende que se defiende un modelo de libre mercado marcadamente liberal, siguiendo el proceso iniciado por las revoluciones burguesas del siglo XVII, donde la libertad de comercio es una de las expresiones del liberalismo y la defensa de la propiedad privada.

Debemos señalar que la Constitución Política de 1980 no establece un modelo económico definido, en ningún artículo se señala que tipo de economía la sociedad chilena adhiere. Es una cuestión abierta que se determinará por la relaciones económicas que se desarrollen en el país.

Existen constituciones modernas, cercanas a nuestro acervo jurídico como la española (1978), que sí definen un modelo económico nacional como es la: Economía Social de Mercado en dicho caso y también la Constitución Federal Alemana en su artículo 28 inciso primero, adhiere a un modelo de Estado Social, podemos decir: "Formalmente, la Constitución alemana permite todo tipo de orden económico en la medida en que respete la Constitución y en particular los derechos fundamentales. Sin embargo, la vigencia de los derechos fundamentales de libertad de acción, igualdad ante la ley, libertad de asociación, libre circulación, libertad profesional y derecho a la propiedad privada, incluidos los medios de producción, no es compatible con un sistema de planificación centralizada (...)"[29] Ademas se señala que la Constitución Federal Alemana consagra el Estado Social de Mercado, veamos como lo hace: "La Constitución alemana consagra simultáneamente el Estado social de derecho (Art. 28 inciso 1), muchas veces llamado (debido al Art. 20 inciso 1) *Estado social* en su versión abreviada. El modelo prevé la corrección de los derechos y datos económicos, producto de los procesos de mercado a través de medidas estatales, así como la redistribución de los ingresos y la riqueza, que además están sujetos a la responsabilidad social."[30]
Creemos que Chile debe mirar con mucha atención el modelo social de mercado presente en la Constitución alemana para un cambio de paradigma en nuestra Constitución Económica, aunque dicho modelo necesita de un consenso social y una cooperación pública privada de grandes confianzas y sinergías.

---

[29]**Hasse, Rolf H., Hermann Schneider, Klaus Weigelt**, "Diccionario de Economía Social de Mercado", Política económica de la A a la Z. 3° Edición, Buenos Aires: Konrad Adenauer Stiftung 2008, pp.121.

[30] Ibidem. PP.122.

[31] Véase la Constitución del Land De Bayern, en Alemanía, en la página oficial de su gobierno y la traducción al español, en: https://www.bayern.landtag.de/fileadmin/Internet_Dokumente/Sonstiges_P/BV_Verfassung_Spanisch_formatiert_14-12-16.pdf (revisada el día 5 de febrero del 2020).

Existe la Constitución federal de Baviera que establece un interesante marco finalista de la economía, el artículo 151 de dicha constitución federal señala en su numeral primero: "La totalidad de la actividad económica está destinada al bien común, en especial a garantizar una existencia digna para todas las personas y a aumentar paulatinamente el nivel de vida de todas las clases sociales"[31].

35.- ¿Qué aspectos económicos se regulan en las constituciones modernas?

R: Se regula el rol del Estado Empresario, o sea cuando el Estado se transforma en un actor del mercado, creando empresas que actúan en la vida económica de un país en igualdad de condiciones con las otras empresas del sector privado. El límite del Estado empresario en una economía de libre mercado está dado por el actuar en igualdad de condiciones con los actores del mercado para estatales, para así no distorsionar las reglas de la libre competencia. En cambio en los sistemas económicos socialistas de planificación central —casi extintos, exceptuando Cuba y Corea del Norte— existe una planificación por parte del Estado de toda la vida económica.
En las constituciones liberales, históricamente se reguló la libertad de comercio. La libertad de empresa. Se regula la libertad para transar bienes corporales e incorporales. Más bien las leyes generales concretan los marcos regulatorios de la economía y sus subsectores. Todas estas libertades caben dentro del derecho de propiedad regulado en nuestra constitución el artículo 19 Nº24 in extenso.

36.-¿ La constitución puede definir las reglas del mercado?

R: Las constituciones pueden definir los marcos generales de funcionamiento de un mercado- pero es imposible de contralar la variable economica en una economia globalizada como la nuestra mediante la norma constituconal-, por ejemplo para una parte de la filosofía política actual en el sistema de capitalismo tardío es quizás una de las principales funciones del Estado[32], lo vimos en la pregunta anterior con la definición de economía social de mercado presente en la Constitución Federal Alemana. Por eso para Habermas la politica es un imposible, ya que la política no puede controlar los factores de producción, ni menos la economía, en un mundo globalizado y atomizado en miles y millones de propietarios[33].
Creemos que por la propia naturaleza de norma general o fundamental, las constituciones liberales democráticas no deberían contener normas que regulen la economía de forma especifica (la economía planificada ha demostrado ser incompatible con la democracia plena, solo funciona en autocracias como la China comunista o Corea del Norte), ni podrían detallar el marco jurídico de las relaciones económicas dentro de una sociedad, ya que eso debe quedar entregados a las leyes generales, que son más fáciles de crear y transformar, que una constitución.
Las constituciones serias y exitosas, están hechas para durar. Las cuestiones reguladas por la misma dinámica de los mercados son imposibles de ser incluidas en una Constitución Política de la República, por la complejidad de las normas y su variabilidad. Ya veíamos como la Constitución del Land de Baviera en su artículo 152, inserto en el capítulo IV, definía que "(...) la totalidad de la actividad económica está destinada al bien común (...)"

---

[32]Véase: **Habermas, J**, "Problemas de legitimación en el Capitalismo Tardío", Madrid, Cátedra, 1999, Pp. 41 y siguientes.

[33] Ibidem. Pp. 58 y ss.

Al establecer una serie de principios las constituciones permean la regulación económica de una nación. Así el denominado principio del bien común, daría paso a crear una economía del bien común, como ya se postula con fuerza en Europa y otras partes del mundo, gracias al desarrollo teórico de Christian Felber donde se supera la dicotomía entre capitalismo y comunismo[34]; el principio de servicialidad del Estado a la persona humana, y principio de subsidiariedad, podrían entregar suficiente fundamento que permitan crear empresas eléctricas verdes con dineros estatales, si el cambio climático amenaza la vida humana o desarrollar subsidios para que las personas adquieran vehículos eléctricos, etc.. Lo que queremos decir, es que los principios generales de una constitución pueden y deben permear la actuación política de toda una comunidad, y es deber de los ciudadanos exigir que se cumplan a través del ejercicio de la soberanía mediante las elecciones generales y periódicas que se celebran.

Pueden ser utilizados para interpretar y exigir al estado acciones económicas cuando sea necesario para el bien común, o abstenerse de realizarlas cuando perjudica el bien todo de la sociedad, como por ejemplo la contaminación de empresas relacionadas con el Estado.

Los legisladores encargados de regular el mercado no podrían ir contra aquellos principios, ya que las normas podrían sufrir vicios de constitucionalidad. Ya que las leyes son la expresión de la voluntad soberana como señalo sabiamente Andrés Bello. Las cuales deben proteger los derechos humanos de todos sus habitantes y sin duda la estabilidad del ecosistema ecológico.

Debemos aclarar que la estructura de un mercado está dado por el conjunto de relaciones económicas de sus agentes y las regulaciones (leyes sectoriales) que los afectan. Dichas leyes se definen por una sociedad política en un momento histórico determinado, según los avances de la ciencia, conciencia social y ecológica. Por ello deben ir mutando constantemente.

---

[34] Véase una tesis laica y renovada del principio del bien común aplicado a la economía, por: **Felber, Christian**, "La economía del bien común", Madrid, Ediciones Deusto, 2015.

37.-¿ El Estado tiene un rol empresario en la actual Constitución?

R: Sí, en la Constitución actual se permite el Estado empresario. En el inciso segundo del artículo 19 Nº 21, se señala: "El Estado y sus organismos podrán desarrollar actividades empresariales o participar en ellas sólo si una ley de quórum calificado los autoriza. En tal caso, esas actividades estarán sometidas a la legislación común aplicable a los particulares, sin perjuicio de las excepciones que por motivos justificados establezca la ley, la que deberá ser, asimismo, de quórum calificado"

Por lo tanto para que el Estado participe de la actividad económica se debe respetar el principio de legalidad, creando las empresas o participando de ellas a través de una ley de un quórum calificado.

Existen actualmente funcionando en Chile 32 empresas estatales, con diferentes balances comerciales, muchas de ellas generando cuantiosas pérdidas monetarias al erario fiscal como el caso de la Televisión Estatal TVN o ENAP.

La principal de estas empresas es uno de los mayores contribuyentes del Fisco, es la cuprífera CODELCO, creada en pleno Gobierno Militar en el año 1978 para llevar adelante el proceso de nacionalización del cobre, iniciado por el Gobierno del Presidente Salvador Allende.

38.-¿Por qué se habla de que la autonomía del Banco Central se mantenga como una norma constitucional?

R: Uno de los pilares de la estabilidad financiera en el mundo desarrollado, se logró cuando los bancos centrales se organizaron como entes autónomos de los gobiernos, esta idea de Alexander Hamilton fue una verdadera revolución y se inició en EE.UU. a principios del siglo XVIII.

Una de las funciones principales de un banco central es controlar la impresión del dinero circulante, por lo tanto mantener el alza inflacionaria a raya y también detectar la deflación. Los bancos centrales autónomos e independientes, aseguran la estabilidad financiera de una economía inserta en una democracia que convive con el libre mercado globalizado.

Hoy en día con la irrupción de la tecnología del Blockchain se han generado un sin número de monedas digitales, las más importantes son el Bitcoin, Litecoin, Cashpoint, etc. Las cuales no dependen de los bancos centrales nacionales. Más bien cada persona poseedora de dicha moneda es custodia de su valor. Lo que significa que es posible que en un tiempo más los bancos centrales sean tecnología obsoleta.
Aunque la tecnología de la moneda digital llegó para quedarse, aún dependemos de la moneda emitida por el banco central, por ello este órgano debe tener rango constitucional y ser autónomo de los poderes políticos partidistas, que pueden utilizar una política monetaria con fines alejados del bien común.

39.-¿Actualmente en Chile, cómo puedo hacer valer los deberes y derechos constitucionales de una persona?.
R: Los derechos fundamentales se pueden hacer valer vía recursos judiciales denominados. Recurso de Protección (protege el derecho a la vida, integridad física y psíquica, a la honra, derecho de propiedad, etc), Recurso de Amparo (protege la libertad ambulatoria de movimiento), y Recurso de Amparo Económico (protege sobre la discriminación que puede existir en un agente de la economía frente a un empresa estatal). Estos tipos de recursos presentes en nuestra Constitución aseguran el goce de los derechos elementales que el constituyente de la época considero posibles y plausibles para su judicialización, o sea para la posibilidad de lograr de forma compulsiva su protección por las vías del derecho[35].

[35] **Véase** como se trata en nuestra constitución recurso de protección Artículo 20 y Amparo Artículo 21, aquí los transcribimos: "Artículo 20.- **El que por causa de actos u omisiones arbitrarios o ilegales sufra privación, perturbación o amenaza en el legítimo ejercicio de los derechos y garantías establecidos en el artículo 19,** números 1°, 2°, 3° inciso quinto, 4°, 5°, 6°, 9° inciso final, 11°,12°, 13°, 15°, 16° en lo relativo a la libertad de trabajo y al derecho a su libre elección y libre contratación, y a lo establecido en el inciso cuarto, 19°, 21°, 22°, 23°, 24°, y 25° podrá ocurrir por sí o por cualquiera a su nombre, a la Corte de Apelaciones respectiva, la que adoptará de inmediato las providencias que juzgue necesarias para restablecer el imperio del derecho y asegurar la debida protección del afectado, sin perjuicio de los demás derechos que pueda hacer valer ante la autoridad o los tribunales correspondientes. Procederá, también, el recurso de protección en el caso del N°8° del artículo 19, cuando el derecho a vivir en un medio ambiente libre de contaminación sea afectado por un acto u omisión ilegal imputable a una autoridad o persona determinada.

40.-¿Por qué algunos ciudadanos piensan que la constitución podrá hacer de Chile un país más justo económicamente?

R: Quizás las esperanzas de algunos ciudadanos se basan en la antigua teoría contractualista de Rousseau. La constitución para los clásicos era la expresión de un denominado "contrato social". Con el avenimiento de las Guerras mundiales y el desastre de las ideologías Nazi y Comunista en el mundo de postguerra. Las constituciones comienzan a reflejar un papel de defensa de los derechos elementales del hombre frente al poder del Estado y la ideología que puede tomar dicho Estado y transformarlo en una máquina de aplastar libertades y coartar vidas humanas.

Artículo 21.- **Todo individuo que se hallare arrestado, detenido o preso con infracción de lo dispuesto en la Constitución o en las leyes, podrá ocurrir por sí, o por cualquiera a su nombre, a la magistratura que señale la ley, a fin de que ésta ordene se guarden las formalidades legales y adopte de inmediato las providencias que juzgue necesarias para restablecer el imperio del derecho y asegurar la debida protección del afectado**.

Esa magistratura podrá ordenar que el individuo sea traído a su presencia y su decreto será precisamente obedecido por todos los encargados de las cárceles o lugares de detención. Instruida de los antecedentes, decretará su libertad inmediata o hará que se reparen los defectos legales o pondrá al individuo a disposición del juez competente, procediendo en todo breve y sumariamente, y corrigiendo por sí esos defectos o dando cuenta a quien corresponda para que los corrija.

El mismo recurso, y en igual forma, podrá ser deducido en favor de toda persona que ilegalmente sufra cualquiera otra privación, perturbación o amenaza en su derecho a la libertad personal y seguridad individual. La respectiva magistratura dictará en tal caso las medidas indicadas en los incisos anteriores que estime conducentes para restablecer el imperio del derecho y asegurar la debida protección del afectado." Extraída de: https://www.bcn.cl/formacioncivica/constitucion.html (Revisada el día 12 de febrero de 2020).

Las constituciones no están hechas para hacer justicia económica, o justicia social por sí mismas, ellas deben enunciar dichos postulados, porque emanan de la razón natural y están sujetos al principio de bien común. Pero serán una serie de factores extraconstitucionales los que contribuyan a dichos fines, como la riqueza económica de una nación, la fuerza de trabajo, el desarrollo tecnológico y el capital humano, por decir algunas variantes, y por sobre todo el nivel ético de las sociedades.

Debemos exigir un cambio de paradigmas que viene de la ciudadania, para transformar la economía en un modelo más solidario, menos contaminante, en fin, una economía más humana. Aquí las leyes de impuestos, la regulación del mercado por los sectores, y la exigencia de que toda actividad económica para ser lícita debe cooperar con el bien común y cumplir con la justicia social, serán elementales para lograr justicia económica, que siempre debe ser justicia con todos los seres humano y el ecosistema.

Por eso la transformación de nuestras constituciones debe realizarse desde un prisma "verde" por así decirlo. La constitución debe ser ecologica o no sirve para nada; debe buscar generar un contrato social, que supere el antropocentrismo del S. XVII, y se vuelva omnicomprensiva de todo el ecosistema, así como San Francisco de Asís dijo en el S. XV, sobre la hermana tierra, así debemos hablar desde ahora en adelante.

41.-¿La Constitución defiende el medio ambiente de la explotación desmesurada del hombre?

R: La actual constitución tiene entre sus principios la defensa del medio ambiente como obligación del Estado, en el artículo 19 Nº8. Más bien nada señala sobre el calentamiento global o la explotación desconsiderada del hombre para con nuestro ecosistema planetario. Esto podría cambiar al señalarse como fin de la política de un Estado, cooperar con la recuperación del medio y realizar acciones de descontaminación.

Este es un derecho humano de cuarta generación y se expresa en el derecho a vivir en un medio ambiente libre de contaminación. Pero esto no parece una prohibición expresa contra la emisión de contaminación. Más bien se habla en dicho artículo la misión de "tutelar" el medio ambiente.

Sabemos que cada acción humana contamina y provoca un impacto, hoy vivimos las consecuencias con el impacto del cambio climático. Creemos que la huella de carbono del Estado debe ser controlada por una norma de rango constitucional debido al impacto del cambio climático en la forma de vida humana y biologica en general, que está teniendo ahora y tendrá en el corto plazo. Más bien se ha protegido el medio ambiente mediante leyes especiales como la Ley de Bases del Medio Ambiente, siguiendo este mandato constitucional.

El artículo 19 Nº8, señala: "El derecho a vivir en un medio ambiente libre de contaminación. Es deber del Estado velar para que este derecho no sea afectado y tutelar la preservación de la naturaleza.

La ley podrá establecer restricciones específicas al ejercicio de determinados derechos o libertades para proteger el medio ambiente "

La pregunta, se refiere ¿que han hecho las políticas públicas para cumplir con este derecho-deber de vivir en un medio ambiente libre de contaminación?. Si miramos este artículo bajo el prisma del artículo primero de nuestra constitución de 1980 que establece el principio de servicialidad a la persona humana y la concreción del bien común como fin ultimo del Estado, podemos llegar a concluir que el Estado a dejado de prestar su servicios en zonas como Quintero- Puchuncavi e incluso en el mismo Santiago con su altisimo nivel de contaminación en estos ultimo cuarenta años.

42.-¿Las constituciones responden a los cambios de paradigma sociales y culturales de un momento?

R: Las constituciones son expresión de momentos históricos, sociales y culturales. Son expresión de una cultura precisa. Los momentos históricos responden a una serie de factores conexos y multidimensionales. Como las presiones ambientales provocadas por el cambio climático, las fuertes corrientes migratorias dadas por la inestabilidad política regional, las crisis de confianza en las instituciones pilares del occidente cristiano como: Iglesias y Estados Nacionales, que hoy se derrumban.

José Ortega y Gasset, señaló una vez: "La vida pública no es solo política, sino, a la par y aún antes, intelectual, moral, económica, religiosa; comprende los usos todos colectivos e incluye el modo de vestir y gozar"[36] Todos estos son factores donde los paradigmas morales y culturales se trasladan. Momentos donde la política busca un cauce para sacar a flote la ciudad humana que se ve tambalear por la crisis y el miedo de muchos a ese cambio.

Por ello no tenemos miedo en afirmar que las constituciones son una forma de responder a todos estos desafíos políticos y culturales. Y es una forma válida de asumir un nuevo orden institucional para el Estado y la sociedad.

Aquí creemos, junto a muchos expertos, que el nuevo orden constitucional de toda sociedad debe ser un nuevo pacto social de características verdes, pero el peligro del populismo es una amenaza real.

El nuevo pacto social verde es la uníca forma de superar la explotación del hombre para la naturaleza y para así mismo. Esta explotación desmesurada es una herida autoinflingida en nuestra propia conciencia como especie consiente y libre, dotada de inteligencia y voluntad. Nuestras nuevas constituciones politicas deben asumir este desafio. Por lo tanto la transformación de las matrices energeticas de nuestras sociedades debe ser un deber constitucional establecido.

43.-¿El derecho de propiedad sobres los bienes tiene límites reconocidos en nuestra constitución actual?

[36]**Ortega y Gasset, José**, "En tiempos de la sociedad de las masas", Madrid, Ed. Taurus, 2013, Pp.75 y siguientes.

R: Sí, los bienes muebles e inmuebles pueden ser expropiados por el Estado, por lo tanto se reconoce una función social en toda propiedad, el derecho de propiedad tiene límites dados por el principio de servicialidad de la persona humana que debe guiar el actuar del Estado y el principio del bien común, por lo tanto es legítimo y necesario para concretar estos principios, expropiar por ejemplo: Las tierras necesarias para construir una carretera o un hospital. Dichas reglas se encuentran en el artículo 19 Nº24 inciso 3, 4 y 5. Esto responde a que la propiedad está destinada intrínsecamente a una función social, y al principio del bien común que señala que nadie puede usar para su provecho personal sin límites algo destinado al bien del todo, cuando se necesita. También el principio de justicia distributiva señala que la persona que sufre expropiación debe recibir una indemnización justa, o sea el precio de mercado del bien expropiado. Todas cuestiones reguladas en la constitución en regla general y en leyes especiales.

44.-¿La libertad de pensamiento, conciencia, y reunión como se reconocen en nuestra Constitución?

R: Sí, son derechos humanos elementales, son denominados de primera generación porque miran las libertades politicas y religiosas de las personas, surgen en las primeras revoluciones humanistas del S. XVII. Son derechos reconocidos en el artículo 19 de la actual Constitución Política de la República de 1980. Son garantías de libertad, surgieron en la primera generación de derechos humanos, cuando la lucha por la libertades básicas se concretaron en el siglo XVII.

45.-¿Qué es el Estado?.

R: Para los filósofos medievales interpretando la Carta de San Pablo a los Romanos 13.1-12[37], donde el apóstol de los gentiles señaló la célebre idea de que todo poder viene de Dios y es deber de conciencia someterse a la autoridad legitima, el Estado fue la expresión de este poder divino y como señala San Pablo: " Porque la autoridad es un instrumento de Dios para tu bien", este principio teocrático dice Cassier no fue ni siquiera cuestionado por decenios en occidente-casi 1600 años-, hasta que en el renacimiento aparece Maquiavelo y el resurgimiento de los clasicos precristianos[38].

[37] **Pablo de Tarso** en su Carta a los Romanos, versículo 13.1-12, entrega un lineamiento que guiaría a la teoría política cristiana por casi mil setecientos año, señalando: "**Todos deben someterse a las autoridades constituidas, porque no hay autoridad que no provenga de Dios y las que existen han sido establecidas por é**l.En consecuencia, el que resiste a la autoridad se opone al orden establecido por Dios, atrayendo sobre sí la condenación.Los que hacen el bien no tienen nada que temer de los gobernantes, pero sí los que obran mal. Si no quieres sentir temor de la autoridad, obra bien y recibirás su elogio.**Porque la autoridad es un instrumento de Dios para tu bien**. Pero teme si haces el mal, porque ella no ejerce en vano su poder, sino que está al servicio de Dios para hacer justicia y castigar al que obra mal. **Por eso es necesario someterse a la autoridad, no sólo por temor al castigo sino por deber de conciencia.**Y por eso también, ustedes deben pagar los impuestos: los gobernantes, en efecto, son funcionarios al servicio de Dios encargados de cumplir este oficio.

Den a cada uno lo que le corresponde: al que se debe impuesto, impuesto; al que se debe contribución, contribución; al que se debe respeto, respeto; y honor, a quien le es debido.

Que la única deuda con los demás sea la del amor mutuo: el que ama al prójimo ya cumplió toda la Ley.Porque los mandamientos: No cometerás adulterio, no matarás, no robarás, no codiciarás, y cualquier otro, **se resumen en este: Amarás a tu prójimo como a ti mismo.El amor no hace más al prójimo. Por lo tanto, el amor es la plenitud de la Ley**.Ustedes saben en qué tiempo vivimos y que ya es hora de despertarse, porque la salvación está ahora más cerca de nosotros que cuando abrazamos la fe.La noche está muy avanzada y se acerca el día. Abandonemos las obras propias de la noche y vistámonos con la armadura de la luz." Negritas y subrayado es nuestro. Extraida de: http://www.vatican.va/archive/ESL0506/__PXW.HTM (Revisada el 12 de febrero del 2020).

[38] Véase: **Cassirer, Ernst**, "El mito del Estado", Trad. Eduardo Nicol, México, FCE, 1968, Reimpresión N°11, pp. 168 y siguientes.

Para el profesor Squella, el Estado moderno surge de la caída del sistema medieval, justamente en este tránsito del renacimiento a la modernidad. El Estado moderno continúa Squella es una: "(...) forma de poder racional centralizado y burocrático que no reconoce superior y que se atribuye el monopolio del uso de la fuerza."[39]

46.-¿El Estado puede asegurar derechos sociales y económicos, como el acceso universal a la vivienda, salud digna, educación de calidad, trabajo de calidad y bien remunerado, vivir en una ambiente libre de contaminación, etc.?

R: Los derechos sociales y económicos son, en muchos casos, prestaciones mínimas e indispensables que permiten vivir a las personas con un mínimo de dignidad. El Estado al ser uno de los principales garantes del bien común, y tener como principal fin servir a la persona humana, debe desarrollar una política pública que permita hacer realidad los derechos sociales enunciados en la pregunta.

Pero el desarrollo de estos derechos dependerá de la norma jurídica sectorial entregada por el Poder Legislativo. Para la concreción de estos derechos se necesita de un nivel de ingresos al erario fiscal estable y suficiente. Por lo tanto también dependen del nivel de riqueza económica que se genere en la sociedad.

---

[39]**Squella, Agustín**, "Derechos Humanos", Valparaíso, Edtorial UV. Pp.46.

Se señala por la doctrina alemana, que incluso el Estado Social alemán sufre presiones en este sentido, de no poder satisfacer todos los derechos económicos y sociales sin causar perjuicios a otro grupo de la población o sector de la economía determinado, así lo señala la doctrina más importante Alemana: "Con frecuencia, los derechos sociales fundamentales son reivindicaciones que plantean resultados y exigencias que en una economía de mercado no son competencia del Estado o lo son solo parcialmente (derecho al pleno empleo, al trabajo, a la educación, a la vivienda y al ingreso). En ese caso, la seguridad social de algunos se paga con una mayor inseguridad para otros (por ej., contribuyentes)."[40] Este es el drama de los derechos sociales y su concreción, que muchas veces el Estado no puede asumirlos como su responsabilidad, porque dependen del desarrollo de mercado social.

---

[40] **Hasse, Rolf H., Hermann Schneider, Klaus Weigelt**, "Diccionario de Economía Social de Mercado", Política económica de la A a la Z. 3° Edición, Buenos Aires: Konrad Adenauer Stiftung 2008, pp.121.

47.-¿Qué es un Estado social de bienestar?

R: Los Estados sociales de bienestar surgen en Europa en el siglo XIX. En ellos se buscó establecer que cada ciudadano cuente con derechos sociales básicos, como el acceso a la salud, educación de calidad, vivienda digna, pensiones suficientes, seguros de salud e invalidez, etc. También se buscó tutelar la libertad de sindicación y otros derechos laborales elementales. Nacieron en la república de Weimar en Alemania, y son una reacción a la explotación capitalista de los primeros años de la revolución industrial, hoy la Constitución alemana por ejemplo en su artículo 28 inciso primero establece un modelo social de mercado para su economía. Se señala que un Estado Social busca ser el propulsor de un orden social donde los fines de la justicia social y seguridad social se concreten en la ayuda a la erradicación de la pobreza, entregando condiciones minimas de existencia garantizada a la persona humana, en otro sentido propende a la "equidad jurídica, tambien establece una sistema de protección adecuado a los riesos como las enfermedades, vejez, o sea un Estado social provee de un marco social justo para las personas de una nación, respetando la libertad de las personas y el sistema democracrito[41].

48.-¿Cuáles son las actuales dificultades del Estado social de bienestar en los países que lo tienen implantado?

[41] En el mismo sentido la doctrina alemana señala:"*Según la opinión jurídica prevaleciente, la cláusula de la Constitución que fundamen- ta el Estado social en Alemania contiene la facultad y el mandato del legislador y la administración de orientar sus actividades hacia un orden social capaz de realizar los objetivos de la justicia social y de la seguri- dad social en un Estado regido por un orden democrático y libre (Stern 1987, Sp. p. 3272 y s.). Un Estado social es un Estado que (1) otorga ayuda contra la miseria y pobreza y garantiza un mínimo existencial humanamente digno; (2) apunta hacia la equidad jurídica y real mediante la reducción de las diferencias de bienestar y relacio- nes de dependencia; (3) garantiza la seguri- dad social frente a los riesgos de accidente, enfermedad, incapacidad laboral prematura, desempleo, vejez, asistencia y pérdida del sostén de la familia; (4) incrementa el bie- nestar y provee la distribución justa del mismo (Zacher 1989, p. 29).*" Ibidem. P.184.

R: Los actuales riesgos de los estados sociales de bienestar son el progresivo aumento del gasto público, y la disminución de la masa económica fiscal, producto el envejecimiento de la población, riesgos advertidos por el mismísimo filósofo alemán J. Habermas en su libro: *Problemas de legitimación en el Capitalismo Tardío*, señaló: "(...) la función principal un gobierno en nuestra época ha llegado a ser guiar la economía para generar el bienestar de todos y, específicamente, para generar un excedente para financiar el gasto social. Ya ha sugerido Habermas que la imposibilidad de cumplir su función principal socava la legitimidad de los gobiernos"[42].

Por ello el estado social de bienestar como el francés está discutiendo una profunda reforma a sus sistemas de pensiones, seguridad social y flexibilizando las leyes laborales, lo que ha generado innumerables movilizaciones sociales desde el año 2018, como el movimiento de los chalecos amarillos.

---

[42] Véase el análisis de **J. Habermas** desarrollado de forma magistral en: **Richards, Howard**, "La imposibilidad de la Política", Valparaíso, 2017, pp. 15 y siguientes.

[43] Véase en **Richards, H, Swanger**, J, "The dilemas of Social Democracies", Lamham MD: Rowan and Littlefield, 2006,Chaper 5-8.

[44] "Los Estados que se exceden en su función social son llamados Estados benefactores. El Estado social se convierte en Estado benefac- tor en el momento en que libera al individuo de la responsabilidad de preocuparse por su propia supervivencia y su futuro, es decir, cuando ignora el principio de solidaridad a tal punto que las personas beneficiadas llegan a considerar las prestaciones como su dere- cho y su propiedad. En este caso, se infringen no sólo los valores fundamentales de la socie dad como **la libertad personal, la retribución de acuerdo al rendimiento (*principio de rendimiento*), la voluntad de valerse por sí mismo y la responsabilidad personal**, sino que la excesiva carga tributaria y social de las empresas y ciudadanos, así como el pago excesivo de *subsidios* (para preservar cierta actividad económica) llevan a la paralización de la economía y se convierten en amenaza permanente para la estructura productiva." En **Hasse, Rolf H., Hermann Schneider, Klaus Weigelt**, "Diccionario de Economía Social de Mercado", Política económica de la A a la Z. 3º Edición, Buenos Aires: Konrad Adenauer Stiftung 2008, pp.185.

La degeneración de los Estados sociales de bienestar como el caso de Suecia en la decada de los años sesenta, trajo consigo la existencia de un Estado Benefactor donde a los ciudadanos no se les exigía preocupación por su futuro- ya que el Estado proveería todos los bienes y servicios necesarios para una vida digna-, que trajo consigo una larga serie de problemas a su economía como la disminución de la actividad economica, como Hoawards señala respecto al caso Sueco: "Las políticas públicas disminuyen la rentabilidad porque aumentan los sueldos y para aliviar la crisis fiscal del estado y financiar el gasto social aumentan los impuestos"[43] esta la trampa en caen los Estado Benefactores que termimana ahogandose en la deuda pública y el decaimiento de la actividad creativa de sus sociedades, como el caso sueco de los sesenta, donde la excesiva carga de funciones sociales estatales trajo consigo la cuasi destrucción de la estructura productiva del país.[44]

49.-¿Qué son y de dónde surgen los populismos en la era de Internet?

R: Con el surgimiento de las redes sociales, desde la campaña de Donald Trump (2017) y la utilización de redes sociales para manipular el voto. Él caso de Cambridge analytics y el uso de los perfiles de Facebook para generar propaganda política es paradigmático, y nos llevó a preguntarnos cual es límite permisible para que una empresa como Facebook se haga dueña de nuestra información personal y analice nuestras conductas de Internet. Gracias a este escándalo surgen grandes discusiones sobre la constitucionalización del derecho de propiedad de los datos personales de los cibernautas, el derecho al olvido de información sensible de las personas, etc. Se da inicio a una nueva era de polarización, fake news y por ende el surgimiento de una creciente manipulación sobre el elector, acciones que centran su acción de campaña política en polarizar y manipular la realidad, o sea desinformar.

Como podemos ver los requisitos para el ejercicio del voto, o sea la expresión de la soberanía popular, es que este voto se realice de forma informada, libre y secreta, y son estas características del ejercicio de la soberanía popular las que están siendo atacadas. Por lo tanto sí está en juego a nuestro entender la democracia representativa, cuando se busca manipular la conciencia de las personas para dirigirlas a votar de una manera determinada, sin tener en cuenta una ética mínima[45], que señala que la mentira debe ser erradicada del discurso político.

50.- ¿La democracia es fuerte en la era digital o está en riego?

R: Justamente los factores descritos arriba son un riesgo para la democracia. Pero también son un reto para mejorar los estándares éticos de los políticos y el sentido de pensamiento crítico de los ciudadanos. La Internet permite la comunicación horizontal e instantánea unida a la inteligencia artificial y el desarrollo de la tecnología de algoritmos predictivos del comportamiento humano, podríamos ser testigos de formas nuevas de propaganda política, nunca antes vistas.

---

[45] Podemos señarla un pequeño concepto de ética general como: "*La ética es la doctrina de la acción y del comportamiento humano correcto, la reflexión sobre tareas de responsabilidad humana.*", pero tambien podemos hablar de una ética economica, como: "*La ética económica estudia las posibilidades que existen de aplicar normas morales e ide- ales en las condiciones modernas de una economía de mercado internacional basada en un orden de competencia. Una primera aproximación demuestra que los principales problemas que aborda la ética económica, como contaminación ambiental, corrup- ción, desempleo o pobreza, no pueden ser solucionados dentro del ámbito de lo estric- tamente económico. Por lo tanto, los enfo- ques más modernos amplían el concepto interpretando la ética económica como una teoría económica de la moral.*" Véase en **Hasse, Rolf H., Hermann Schneider, Klaus Weigelt**, "Diccionario de Economía Social de Mercado", Política económica de la A a la Z. 3º Edición, Buenos Aires: Konrad Adenauer Stiftung 2008, pp.184.

La democracia no es un atributo que llevemos los humanos en el ADN. El reto de la democracia en la era digital es que siempre debe verificarse en el pensamiento de una época. Más bien la tendencia al autoritarismo populista es un problema de gobernanza global y una tendencia natural frente al fracaso de la democracia como forma de gobierno que asegure la supervivencia de la especie. Más bien en épocas de altas complejidades ambientales y sociales como la nuestra, las autocracias serían formas de gobierno más efectivas. Este es el peligro de nuestra era y no podemos subestimarlo.

51.-¿Los partidos políticos están desconectado de la sociedad, por qué pasó esto?

R: Las encuestas de opinión como la CEP de diciembre del año 2019, muestran un nivel de confianza en los partidos políticos de un 3% del total de encuestados[46]. Lo que significa que la estructura partidista tradicional se encuentra en una crisis profunda, y siguiendo a la teoría política clásica esto significa que la democracia representativa que vive de los partidos también se encuentra en una crisis.
Los partidos son vistos por la ciudadanía como nichos donde el amiguismo, la hipocresía y el cálculo de intereses mezquinos mueven a sus miembros para obtener el poder político y hacerse de una posición dominante, a fin de perpetuar sus intereses particulares y de ciertos lobbies.

[46] Véase la encuesta N°84 de diciembre del año 2019, en:https://www.cepchile.cl/cep/encuestas-cep/encuestas-2009-2018/estudio-nacional-de-opinion-publica-n-84-diciembre-2019 (Revisada el día 12 de febrero del año 2020).

Por ello algunos politólogos establecen una hipótesis de trabajo sobre la crisis de la representación en los sistemas democráticos. Más bien creemos que la crisis tiene que ver con la ética de las personas que componen las colectividades políticas, y la pérdida del sentido profundo de la política que se relaciona con la consecución del bien común en la comunidad política. Los partidos políticos, según dijo Radbruch hace cincuenta años atrás, son los que dan vida a la democracia representativa, porque en ellos se organiza el pueblo para proponer un sistema de valores comunes y desde allí salen las personas que representen dichos valores, los denominados políticos, quienes deben buscar el voto, para dar vida a la democracia. Pero estos partidos para ser legítimos se deben a los valores democráticos esenciales como la libertad y igualdad, en una ética donde el centro sea el servicio a la persona humana y la concreción del bien común con el pleno respeto de los DDHH, y el ecosistema terrícola.

52.-¿La democracia representativa está en crisis?.R: Podemos decir que los actores de la política representativa se encuentran sumidos en una profunda crisis ética y de paradigmas. La democracia representativa para funcionar correctamente debe desarrollarse en un ambiente donde la ética guíe los diálogos políticos y permita cumplir los acuerdos para cumplir con el fin de la felicidad común. Esta democracia representativa necesita para funcionar de partidos políticos que expresen el sentido político de la búsqueda de una sociedad, deben ser reservorios de una ética pública impecable y ser centros de buenas ideas e innovación. Sin ética clara, tampoco puede existir un diálogo fructífero. Sin ética no pueden prosperar las relaciones de amistad cívica esenciales para la construcción constante de la democracia. Recordemos que la democracia no es un derecho o un deber, es una forma de gobierno más entre un sin número de formas de gobierno ensayadas en la historia de la humanidad. Sabemos que las democracias pueden transformarse fácilmente en autocracias tiránicas o dictaduras. Sabemos que la democracia es la mejor forma de gobierno en una sociedad libre, así ya lo dijo Pericles en el siglo V a.C. en su célebre discurso donde exaltó los valores esenciales de la democracia Ateniense.[47]Pero también la crisis de gobernabilidad de la democracia es parte de la naturaleza de la democracia misma por tres factores que varios autores señalan: a) Las demandas de la sociedad civil copan muchas veces la capacidad de respuesta de un sistema político, donde el debate es esencial y las leyes son demoradas en Parlamentos polarizados, por lo tanto la política queda desconectada del clamor ciudadano. Justamente esto es lo que vemos suceder con mayor claridad desde el evento del 18 de octubre en Chile. b) Las sociedades democráticas, al ser pluralistas aceptan esencialmente que existan visiones contrapuestas de la sociedad. Por lo que el nivel de conflicto político debe siempre aumentar. Es difícil satisfacer a todo el mundo en una democracia del siglo XXI. c) El poder está mayormente diluído en una democracia. Por lo que se genera un poder difuso entre varios actores como la

[47] Para **Radbruch, Dunn, Bobbio** y otros grandes pensadores de la política es discurso de Pericles es la máxima expresión poética de la idea democracia nunca jamás realizada en occidente. Véase el discurso de Pericles en: https://www.cepchile.cl/cep/site/artic/20160303/asocfile/20160303184915/rev11_tucidides.pdf (revisado el 15 de febrero del 2020)

sociedad civil, la prensa, los poderes del Estado, los poderes económicos, culturales y sindicales. d) El papel de las tecnologías del conocimiento y las comunicaciones hace difícil manejar la opinión pública. Antes, el gobierno de turno de una democracia lidiaba con elpoder de la prensa con cierta facilidad. Hoy con las redes sociales, la posibilidad de influir en la opinión pública cada día se vuelve más baja[48].

El fenómeno de la ingobernabilidad no está resuelto, y quizás el caso chileno sea paradigmático para todas las demás democracias del mundo.

53.-¿ Existen otros tipos de democracia?

R: La democracia, siguiendo a Bobbio, es el gobierno de muchos en igualdad de condiciones, y nosotros nos atrevemos a agregar que dicho gobierno se da en la plenitud de las libertades para ser una democracia de verdad.

Se habla en teoría política de una democracia directa como contrapartida de la democracia representativa —nuestro sistema—.

Este primer tipo de democracia, postula que los ciudadanos todos y sin distinción, participen en la dirección de la ciudad política. En momentos de la Grecia helénica existieron gobiernos participativos donde cada ciudadano tenía la posibilidad de ser parte directa en las decisiones del gobierno. Sin duda que estos ensayos históricos fueron dados en momentos donde la ciudadanía era un derecho para muy pocos habitantes de la polis griega o la *civitas* romana.

---

[48]**Bobbio, Norberto**, "Liberalismo y democracia",Mexico, FCE, 1989, Nº reimpresión 15, Pp.106 y siguientes.

Para otros autores como Kelsen la base de la idea democrática se encuentra en el relativismo, o sea que el Estado es en sí mismo neutral ideológicamente, estas ideas permitieron que grupos antidemocráticos se adueñaran del Estado para cometer sus fechorías, esto sucedía en la Alemania, ya que en su minuto el Estado fue capturado por la ideología Nacional Socialista en 1933 con todas las nefandas consecuencias para el mundo, que todos conocemos. Para Redbruch la democracia es una concepción política llena de sentido y valores basados en la libertad del hombre, que permite la existencia del Estado de derecho, el desarrollo del bien común, y la concreción de las más altas creaciones culturales, por lo tanto la democracia no es neutral en cuanto a la ideología. La democracia como sistema político reemplaza al estado autoritario que puede ser constitucional o absoluto, en este Estado autoritario los poderes del Estado no emanaban de la soberanía popular que se expresaba en las elecciones, si no del poder del Jefe de Estado, así Radbruch llega a señalar que: "La libertad es la suma y compendio de todas las intenciones democráticas."[49]

Hoy el sistema democrático que poseemos es del tipo de representación. Los ciudadanos mediante las elecciones periódicas, libres e informadas, delegamos la soberanía popular que reside en el pueblo, en unos ciudadanos determinados que nos representan y son investidos de autoridad, esto se expresa en la elección de un Presidente de la República, alcaldes y concejales como manifestación del Poder Ejecutivo y en el Poder Legislativo la elección de congresistas de ambas cámaras, diputados y senadores.

En nuestro sistema judicial la soberanía se delega por un juego entre de poderes entre el ejecutivo y legislativo, ya que los jueces de los tribunales con mayor jerarquía son propuestos por el Poder ejecutivo y elegidos por el Poder legislativo.

El sistema democrático más utilizado en los sistemas políticos modernos es la democracia representativa. Aunque existen expresiones de democracia directa en muchas democracias representativas mediante el sistema de plebiscitos como en Suiza.

---

[49] Véase la interesante reflexión crítica sobre la doctrinas de Kelsen sobre la democracias desarrollada por **Radbruch, Gustav**, "Introducción a la filosofía del derecho", México, FCE, 1950, Reimpresión n°11 2013, pp. 165 y siguientes.

Aunque con el fenómeno de la tecnología de la información permitirá cada día más la e-participación. Creemos que esta tecnología podría transformar la democracia en un e-democracia, que logre una participación más directa de la ciudadanía en las decisiones del gobierno y el congreso, planteando la posibilidad de una democracia directa digital en un minuto no muy lejano.

54.-¿Por qué tanta fake news en este momento político?

R: Desde que el régimen Nacional Socialista tomara el poder en los años treinta del siglo pasado en Alemania, las técnicas desarrolladas por Joseph Goebbels para manipular la masa y dominar la discusión política, a base de las llamadas fake news son una realidad que todos los amantes de la democracia debemos combatir.[50]
En tiempos recientes, desde la campaña presidencial de Donald Trump y Hillary Clinton (2017) en adelante, se marca el comienzo de una era en la arena política donde el uso intensivo de redes sociales y la manipulación de las masas por medios de la comunicación digital hoy es una gran posibilidad, utilizando la enorme cantidad de datos personales y preferencias que guardan los sistemas informáticos de la redes sociales y otras compañías privadas.
Por eso no podemos creer en todo lo que aparece en Internet. Para mantener nuestra democracia libre de las manipulaciones, cada ciudadano deberá estar educado en el manejo de redes sociales y contenidos de Internet, además de tener formado un criterio ético que permita distinguir la verdad de la manipulación. Está comprobado que los ciudadanos buscan reafirmar sus creencias mediante mensajes que reciben de Internet, y se genera una especie de ceguera selectiva. Lo que genera un daño terrible para la verdadera y amistosa discusión política.

[50]Véase un interesante material desarrollado por Naciones Unidas para reflexionar sobre la propaganda Nazi y el holocausto hebreo, el material se puede descargar en: https://www.un.org/es/holocaustremembrance/pdf/2017-02-16%20Lesson%20plan%20and%20Talking%20Points%20for%20UNICs%20(Spanish)(Final).pdf (Revisado el día 12 de febrero del 2020).

55.¿Por qué tanta propaganda política?

R: Sabemos que en la democracias sanas el poder está difuminado en una serie de actores que muchas veces tienen intereses contrapuestos. Sabemos también que la manipulación de la información y sobre todo las noticias falsas, tienden a generar un clima de mayor polarización. Más bien esta estrategia de propaganda permite establecer realidades polarizantes en la opinión pública.
Siguiendo las enseñanzas de Goebels, que solía decir: "Miente miente, que algo queda" y la nueva teoría de la comunicación que identifica la existencia de unos hechos institucionales, aquellas realidades que existen sólo mediante el acuerdo humano cultural. Como por ejemplo: El teórico contrato social que afirma una constitución política; el valor del dinero, o el valor normativo del derecho, etc. Esta teoría fue realizada por Profesor John R. Searle en su libro *The construcción of social reality* el que realiza una teoría completa de cómo el lenguaje influye en la sociedad[51]. Así mismo mediante fake news repetidas hasta el cansancio, podríamos crear o modificar hechos institucionales, siguiendo la teoría de Searle y la recomendación de Joseph Goebbels. Juzgue usted sobre las propagandas a las que hemos estado sometidos estos meses.

56.-¿Qué necesitamos para tener un país mejor: Reformas Institucionales o Cambios Culturales?

R: Las reformas para ser durables deben ser culturales. Por lo tanto si deseamos un país desarrollado debemos comportarnos como una nación desarrollada. Entonces la cultura del abuso que es transversal en Chile debe acabarse con un gran acuerdo ético por el desarrollo sustentable, paz y armonía social.

---

[51] Véase un resume del trabajo del profesor Searle, en la Enciclopedia Británica Online en: https://www.britannica.com/biography/John-Searle (Revisado el día 10 de febrero del 2020)

Se debe generar un nuevo acuerdo social basado en el respeto a la ecología local y global. Autores como Jeff Biggers, hablan de un nuevo "acuerdo social verde", nosotros creemos que esto debe suceder ahora. Ya el Congreso de EE.UU. con el partido demócrata, hablan de esto con fuerza en sus campañas políticas. Pero también debemos ser coherentes con la ecología ética humana. El respeto de los derechos humanos es esencial para el Estado y todos los grupos intermedios de la sociedad sin distinción.
La nueva constitución puede y debe expresar el nuevo pacto social verde, y así encauzar el desarrollo económico, social y cultural de una forma sustentable. Pero en fin son las personas que componen el Estado y los ciudadanos con sus comportamientos los que harán un país mejor y más perfecto. La perfección de los miembros de los grupos intermedios, perfeccionará el conjunto de la nación toda, o sea que todos seamos más virtuosos siguiendo la idea de los viejos griegos. Esto solo sucede con el respeto pleno a libertades políticas de las personas, el respeto de todos sus derechos fundamentales, y el pleno respeto a sus derechos económicos, sociales, culturales y ecológicos.
Por ello erradicar la violencia como forma de relación humana y método de resolución de conflictos es esencial. Debemos cambiar la mirada de la explotación de la tierra, debemos restaurar la naturaleza con planes de descontaminación y el Estado debe cambiar la matriz energética a una completamente limpia sin importar los esfuerzos, que todos debemos estar dispuestos a sustentar en un primer momento.

57.-¿Qué es el principio de separación de poderes?

R: Es uno de los principales principios desarrollados por el constitucionalismo liberal. Lo que significa que cada poder del Estado: Poder Ejecutivo (Presidente), Poder Legislativo (Congreso Nacional) y Poder Judicial (tribunales de justicia), tengan una autonomía unos de otros. O sea que los límites del poder sean unívocos, determinados y precisos gracias a la norma constitucional. Cada uno de estos poderes supervisa las funciones del otro, dándose un control entre ellos, y todos ellos tienen el límite de respetar la Constitución como norma fundamental y los tratados de derechos humanos ratificados por Chile.

58.-¿Qué es el principio de supremacía constitucional?

R: Es un principio desarrollado también por el constitucionalismo liberal. Donde se establece que la constitución como norma jurídica tiene el mayor rango normativo de la nación. O sea, en la práctica la norma constitucional está sobre las leyes generales de la nación dictadas por el Congreso Nacional —estas deben someterse a la Constitución, para esto existe un Tribunal Constitucional que verifica el adecuamiento de la función legislativa y ejecutiva a la Constitución—, y también sobre el marco normativo que puede dictar el Poder Ejecutivo, mediante decretos o reglamentos, y las decisiones del Poder Judicial deben respetar la constitución y también sus normas de autorregulación que se llaman auto acordados.

59.-¿Qué es el Estado de derecho?.R: Otro principio elemental de las constituciones modernas y liberales. Bobbio define de forma magistral al Estado de Derecho, por ello se los transcribo: "Por Estado de Derecho se entiende en general un Estado en el que los poderes públicos son regulados por normas generales (leyes fundamentales o constitucionales) y deben ser ejercidos en el ámbito de las leyes que lo regulan, salvo el derecho del ciudadano de recurrir a un juez independiente para hacer reconocer y rechazar el abuso o exceso de poder."[52] Entonces cada Poder del Estado respeta en su actuar y decidir las leyes de la Nación; las sentencias judiciales son firmes y los obligan, y nadie las puede modificar si están agotadas las vías legales; los derechos humanos que emanan de la dignidad de la persona humana también hoy son una límite al poder que puede ejercer el Estado, porque el Estado está al servicio de la persona humana y debe concretar el bien común con su actuar, esto lo vemos claramente en el desarrollo del artículo primero de nuestra actual y vigente constitución política.

60.-¿Qué es un plebiscito?

---

[52]**Bobbio, Norberto,** "Liberalismo y democracia", México, EFE,1989. Pp.35.

R: El plebiscito es una forma de ejercicio de la democracia directa. Donde los ciudadanos con su voto deciden directamente cuestiones de vital trascendencia para la comunidad política. Es una de las formas de expresión de la soberanía popular. Este plebiscito constitucional de abril del año 2020 se realizará para decidir si se inicia la discusión por una nueva constitución o se mantiene la actual. Luego tendremos un segundo plebiscito constitucional ratificatorio de la propuesta de nueva constitución desarrollada por la Convención Constituyente, donde también la soberanía popular se expresará aceptando o rechazando el nuevo texto.

61.- ¿Qué es y para qué sirve el Tribunal Constitucional?

---

[53] Véase, en: *Reforma Constitucional 1970, varios autores, Editorial Jurídica de Chile, 1970, p. 48 revisado en: https://www.tribunalconstitucional.cl/aniversario-50 (revisado el día 15 de febrero del 2020).*

R: El Tribunal Constitucional (TC) fue creado por la Ley 17.284 de Reforma Constitucional en 1970 y se incluyó en la Constitución vigente en ese minuto histórico, que era la de 1925, la justificación de su existencia se dio de la siguiente manera en aquella época: "En tercer lugar el establecimiento del Tribunal Constitucional, destinado a resolver los conflictos de carácter jurídico que surjan entre el Ejecutivo y el Congreso, a propósito de la dictación de la leyes, cuando existan dudas respecto a la constitucionalidad de preceptos contenidos en los proyectos de leyes que se encuentren en tramitación parlamentaria. Muchos de los conflictos que crean crisis entre los Poderes Públicos, algunos de los cuales suelen revestir enorme gravedad, nacen de diferencias de interpretación sobre los textos constitucionales que delimitan las atribuciones y el modo de proceder de cada Poder Público. En nuestro régimen no existe ningún mecanismo para resolver tales conflictos, los cuales quedan sometidos al juego de las fuerzas políticas. Mediante la reforma se establece un Tribunal Constitucional, como existe en Francia, Yugoeslavia y otros países, llamado a poner término, conforme a derecho, a ese tipo de diferencias, evitando de este modo que se creen conflictos que puedan amagar el normal desenvolvimiento de nuestro régimen democrático"[53] Por lo tanto el TC no es una creación de la dictadura militar como algunas voces señalan. Es más bien una institución señera en nuestra historia democrática.

El TC es un órgano jurisdiccional dependiente en lo administrativo del Poder Judicial compuesto por 10 ministros, divididos en dos salas. Pero como todos los tribunales de justicia es independiente en sus fallos, con su existencia se busca una interpretación uniforme del alcance y validez de las normas constitucionales y otros importantes temas. Las atribuciones de este órgano constitucional son las siguientes, las que se dividen en cuatro áreas, la primera es las atribuciones que posee de control de constitucionalidad de las normas jurídicas que emanan de los poderes del Estado, este control es a priori que se publiquen o a posteriori cuando ya se publican; luego viene la función de solución de contiendas de competencia, esto sucede entre poderes del Estado y tribunales de justicia; luego otra función es la de declarar la inhabilidades de autoridades de los poderes el Estado como el Presidente o Ministros; y por último, también tiene competencia para pronunciarse sobre ilícitos constitucionales, por ejemplo cuando se promueve por grupos de personas sistemas de gobierno antidemocraticos, etc[54].

Por lo tanto el TC es un órgano importante de larga tradición de existencia en el derecho comparado occidental, así el Tribunal Constitucional Alemán es modelo para nuestro sistema.

62.- ¿Existe un derecho humano a la paz social?

[54] Véase las atribuciones extraídas de la página web oficial del Tribunal Constitucional Chileno:

https://www.tribunalconstitucional.cl/tribunal/atribuciones revisado el día 12 de febrero del 2020)

R: Creemos que implícitamente la sobrevivencia de la comunidad política y el respeto de los derechos humanos, debe sustentarse en la paz. Existe una hermosa definición que nos podría ayudar a entender la importancia de la paz como un camino de respeto a la persona humana y sus derechos inalienables, imprescriptibles y universales, que emanan de su dignidad. Creemos firmemente que la paz no se puede alcanzar sin justicia (Isaías 32, 17)[55], y sin la práctica de la fraternidad más elevada: la caridad[56]. Por lo que si consideramos un derecho humano difuso el derecho a vivir en paz, y exigible a todos los actores políticos y sociales, porque la paz es el humus vital de una verdadera democracia.

63.- ¿Se podrian consagrar o reconocer derechos transhumanos (mejoramiento de la humanaidad) o poshumanos (derechos de robots o entes de inteligencia artificial), o el derecho fundamental de animales, naturaleza?

---

[55] Isais el profeta señala: "En el desierto habitará el derecho y la justicia morará en el vergel. **La obra de la justicia será la paz, y el fruto de la justicia, la tranquilidad y la seguridad para siempre**. Mi pueblo habitará en un lugar de paz, en moradas seguras, en descansos tranquilos" Véase en: http://www.vatican.va/archive/ESL0506/__PAG.HTM (Revisada el día 15 de febrero del 2020).

[56] Véase el punto 2.304 del Catecismo de la Iglesia Católica, que señala: "El respeto y el desarrollo de la vida humana exigen la paz. La paz no es sólo ausencia de guerra y no se limita a asegurar el equilibrio de fuerzas adversas. La paz no puede alcanzarse en la tierra, sin la salvaguardia de los bienes de las personas, la libre comunicación entre los seres humanos, el respeto de la dignidad de las personas y de los pueblos, la práctica asidua de la fraternidad. Es la "tranquilidad del orden" (San Agustín, *De civitate Dei* 19, 13). Es obra de la justicia (cf *Is* 32, 17) y efecto de la caridad (cf GS 78, 1-2)." Extraída de: http://www.vatican.va/archive/catechism_sp/p3s2c2a5_sp.html (revisada el día 12 de febrero del 2020)

R: Creemos que el camino de la conciencia humana nunca esta acabado, como un ser que busca la comunión con otros seres y la creación, el ser humano busca la perfección constantemente. Como señalo el profesor Squella citando al magnifico antrópologo catolíco Teillard de Chardin, este enseño que la Creación se encontraba inconclusa y que la labor esencial de la libertad, inteligencia y responsabilidad humana recai en participar de la conclusión de esta Creación Divina, ya que en el hombre Dios habia insuflado una potencia creadora de tal magnitud que lo hace ser co-creador por voluntad de Dios.[57]

Estamos en el comienzo de una nueva civilización, donde una nueva cultura surgira, y con ello una nueva teoría del derecho. Aquí surguiran los derechos de la naturaleza con fuerza, como derecho de la Gai como concepto elemental. El derecho a la restauración del ecosistema, y el deber de los Estados de descontaminar, reforestar, y repoblar la tierra con especies extintas. Podremos tambien hablar del derecho que tienen las maquinas-biologicas, que mezclan la vida biologica y la tecnología humana. Así las cosas el camino de una nueva teoría el derecho estara lleno de desafios. Pero creemos que el gran limite siempre sera la dignidad humana, aquella se vuelve infranqueble cuando se reconoce su atributo de unicidad y personalidad. Así y todo podemos decir que jamas el derecho si es una creación de la más alta conciencia e inteligencia humana podra permitir que un ser humano sea utilizado como un objeto para fines egoistas. Las maquinas humanoides, o los seres vivos de nuestro planeta tampoco podran ser objetivizados como hasta ahora, ya que cada abuso que cometemos contra la hermana tierra y toda su vida es una crimen contra nuestra propia dignidad de custodios y co-creadores.

Capítulo II

Entendiendo el proceso constituyente: Busquemos juntos la paz con justicia y caridad en un diálogo sincero

---

[57] Squella Narduci, Agustin, "Derecho Humanos", Ed. Universidad de Valparaíso, 2019, pp. 105 y ss.

"(..) los pueblos de América tienen derecho a la democracia y sus gobiernos la obligación de promoverla y defenderla." (Carta Democrática Interamericana, 2001).

"La democratización de todo lo humano no es una posibilidad real: es una promesa tan vana como una amenaza; sin embargo, como programa político conlleva un atractivo muy considerable." (John Dunn)

"Los que renuncian a la acción violenta y sangrienta y recurren para la defensa de los derechos del hombre a medios que están al alcance de los más débiles, dan testimonio de caridad evangélica, siempre que esto se haga sin lesionar los derechos y obligaciones de los otros hombres y de las sociedades. Atestiguan legítimamente la gravedad de los riesgos físicos y morales del recurso a la violencia con sus ruinas y sus muertes (cf GS 78)." (Catecismo de la Iglesia Catolica, Punto: 2306)

"Sí el placer fuese realmente el sentido de la vida, habría que llegar a la conclusión de que la vida carece, en rigor, de todo sentido." (Viktor E. Frankl, Psicoanálisis y Existencialismo)

Dialoguemos sobre el proceso constituyente...

1.-¿Por qué algunos constitucionalistas dicen que la Constitución de 1980 es Ilegítima?

R: Existe en opinión de algunos autores una falta de legitimidad de origen histórica en la Constitución de 1980[58]. Debido a que fue redactada en momentos de excepción constitucional, en pleno régimen militar. También se señala que el plebiscito ratificatorio de aquella Constitución está viciado ya que se realizó en momentos donde los padrones electorales se encontraban sin actualización, y con libertades política restringidas.
Si analizamos la historia constitucional chilena, ninguna de las tres últimas constituciones la de 1833, 1925 y 1980 poseen un origen puramente republicano. Recordemos que el "ruido de sables" de las fuerzas armadas en 1925 y el nacimiento del caudillo Carlos Ibáñez del Campo, fueron decisivos para la redacción de aquella carta magna. No olvidemos tampoco que la Constitución de 1833 fue impuesta luego de una cruenta guerra civil. Por lo tanto, hablar de legitimidad de origen en las constituciones nacionales, históricamente es difícil.
Más bien se plantea que la Constitución de 1980 es legítima, debido a sus innumerables reformas en más de 40 años, y sobre todo de la última gran reforma del año 2005 firmada por el Presidente Ricardo Lagos Escobar, y que aquella norma ha recibido el respaldo de todos los gobiernos democráticos en estos últimos años. Representado finalmente la soberanía de la nación y permitiendo un desarrollo político, cultural y económico único en los doscientos años de vida independiente de la nación chilena.

2.- ¿Qué significa legitimidad en un sentido Constitucional?

[58] Véase a **Atría, Jorge**, en su libro denominado: "La constitución tramposa", LOM Ediciones, Santiago, Chile, 2013.

R: La legitimidad puede ser analizada desde un punto de vista histórico-crítico o desde un punto de vista institucional. El diccionario jurídico de la Real Academia Española, define legitimidad democrática como:" Cualidad referida al consentimiento y presencia de la cíudadania de los Estados miembros en la creación y decesiones de la EU."[59] Este concepto de la UE mira la cualidad de que dicho bloque de países se forma por al representatividad democratica de sus ciudadanos, como fuente de legitimidad. Sí aplicamos esta logica al caso Chileno, nuestra Constitución no fue realizada en la logica de la participación democractica, pero si su historía ha la legitimado democraticamente, gracias a sus más de cuarenta reformas.

Si atendemos el origen histórico de su génesis, podremos argumentar una falta de legitimidad ya que nació en el seno de un gobierno autocrático. Desde un punto de vista institucional, la Constitución ha sido respetada por la ciudadanía por más de cuatro décadas de democracia en Chile, que hoy es catalogada a nivel mundial como perfecta[60]. Más bien se debe analizar toda legitimidad constitucional desde el punto de vista institucional, más que la visión puramente histórica —porque el documento de una constitución es más que historia—, la Constitución actual ha cumplido un rol de unidad, democratización y desarrollo económico social, como nunca en la historia de la nación chilena. Por lo tanto su legitimidad está dada por el ser el sustento de 4 décadas de democracia.

---

[59] Véase el Diccionario Jurídico del Español de la Real Academia Española, en: https://dej.rae.es/lema/doble-legitimidad (Revisado el día 12 de febrero del año 2020).

[60] El estudio de The Economist, realizado por la unidad de inteligencia de dicho matutino, que cataloga a la democracia Chilena en el año 2017 y 2018 como una democracia en desarrollo, luego en el 2019 Chile pasaría a integrar la selecta lista de países con democracias plenas, gracias al movimiento ciudadano de octubre 2019, véase en: http://pages.eiu.com/rs/753-RIQ-438/images/Democracy_Index_2017.pdf.

3.-¿El contexto social es importante para la redacción de una nueva constitución?.

R: Los contextos sociales en las historias de las democracias en el mundo son relevantes. Se puede vislumbrar que en la historia de occidente casi ninguna nueva constitución fue dada en contextos sociales neutrales. Más bien los nuevos órdenes sociales se expresan en momentos donde las visiones políticas contrapuestas del desarrollo humano y político se expresan en la sociedad con fuerza y libertad. La madurez de las naciones se vislumbra cuando estas pueden conciliar esas visiones políticas contrapuestas en un diálogo democrático y amistad cívica. Toda forma de violencia política o institucional rompe el diálogo democrático, es la propuesta de los cínicos que tanto Platón denunció.

Tenemos a la vista que la primera revolución americana comienza con la dictación de la Constitución de los Estados Unidos en 1767, lo que marca un hito en la historia de occidente. Luego vendría la revolución francesa con sus constituciones generales, y desde allí una serie de eventos que marcan el fin del absolutismo monárquico en toda Europa, y el advenimiento de la revolución hispanoamericana.

Por ello no debemos temer a la discusión constitucional, ni a los contextos sociales de polarización. Más bien debemos temer a quienes desean cambiar el orden social mediante la violencia. El papel de los demócratas es aislar y denunciar las ideologías que promueven el odio y la violencia como formas de movilización política.

4.-¿Cómo llegamos al acuerdo político para escribir una nueva constitución?

R: El día 18 de octubre del año 2019, una ola de protestas acéfalas y masivas en diversas ciudades del país —algunas violentas y que incluyeron la destrucción de bienes públicos y privados en magnitudes impensables para una sociedad democrática y pluralista como la Chilena—, demostraron a toda la clase política el profundo descontento social con el modelo económico-social imperante. Se explica este descontento por algunas causas como: Las grandes presiones migratorias que ha sufrido Chile en los últimos años; el deterioro de los servicios públicos: salud, educación y seguridad pública; el cambio climático que afecta la zona central de país y gran parte del globo; y una crisis en la confianza de las instituciones como iglesias, partidos políticos y grupos empresariales. Dicho descontento fue encausado por el mundo intelectual y político en la petición de una nueva constitución. Aunque esta petición no emergió espontáneamente en las calles, nos parece que fue más una solución que daba respiro a una clase política a punto de colapsar, sobre todo a un sistema presidencialista que en medio de la crisis quedó acéfalo.

Luego de casi un mes de masivas protestas, los partidos políticos más representativos del país —excepto el partido Comunista— a través de sus representantes adoptaron un acuerdo el día 15 de noviembre del año 2019 denominado: "Acuerdo por la paz social y la nueva constitución"[61]. Donde se fijó una hoja de ruta para encauzar el proceso de la redacción de una nueva constitución política y una serie de consejos para lograr las reformas legales esperadas por la población.

[61] Véase en el apéndice de esta obra dicho acuerdo histórico por la paz y el proceso constituyente logrado el 15 de noviembre del año 2019.

5.-¿De qué trata el acuerdo político transversal del día 15 de Noviembre del 2019?

R: La hoja de ruta establecida en estos acuerdos, esencialmente establece la existencia de un plebiscito de entrada, donde se preguntará, en primer lugar: ¿Quiere Usted una nueva constitución? Las opciones que tendrás, serán: apruebo o rechazo. En segundo lugar se preguntará: ¿Qué tipo de órgano redactará la nueva constitución? Aquí tendrás dos opciones posibles para elegir: a) Convección Mixta Constitucional. Este órgano estará compuesto por un 50% de congresistas ya electos y un 50% de ciudadanos electos con el fin exclusivo de discutir y redactar la nueva carta magna. B) Convención Constituyente. Este órgano se compondrá del 100% de ciudadanos dedicados en exclusividad a discutir y redactar la nueva constitución.

6.-¿Qué se elige en el plebiscito de entrada del día 26 de abril del año 2020?

R: La idea de redactar una nueva constitución o rechazar dicha idea, y continuar con nuestra actual carta magna. El plebiscito es una forma de que la nación toda exprese su voluntad. Si gana la opción del Sí a una nueva constitución, en el mes de octubre del año 2020, cuando se realicen las elecciones municipales, también en esa oportunidad se elegirá a los ciudadanos que conformarán el órgano redactor de la nueva constitución. Si gana la opción rechazo, continuamos con la Constitución de 1980. Esta primera parte de esta hoja de ruta quedó fijada en el artículo 130 de la Constitución Política de La República, agregado el día 23 de diciembre del año 2019, por la Ley 21.200, que fue la concreción de los acuerdos políticos del 15 de noviembre del presente año.

7.-¿Cómo se elegirán dichos ciudadanos que redactarán la nueva constitución?

R: En principio se utilizará el mismo sistema que se utiliza para elegir a los diputados, esto quedó establecido en el nuevo artículo 131 de la Constitución. Pero esto podría cambiar si se aprueban leyes especiales de cuota de género y pueblos originarios.

8.-¿Cuáles son las atribuciones del órgano que redactará la nueva constitución?

R: El órgano que redactará la nueva constitución, siguiendo el mismo artículo 131, podrá ser la denominada: Convención Mixta Constitucional o la Convención Constitucional. Tendrán como atribución principal estudiar, escuchar, discutir y redactar los artículos que conformen la nueva constitución. Tendrá un plazo de 9 meses para esta tarea, y dicho plazo será prorrogable por una sola vez por el plazo de 3 meses. Es decir, el proceso de la redacción de la nueva constitución no podría superar los 12 meses.
Una vez terminada la redacción, se deberá realizar un segundo plebiscito de carácter ratificatorio. Donde tendremos que votar aprobando o rechazó el texto propuesto por el órgano redactor. Aquí se estableció que el voto será obligatorio.

9.-¿Cómo se eligen los miembros de la Convención Mixta Constitucional o Convención Constitucional? ¿Cuántos miembros tendrán estos órganos?

R: En elecciones libres, secretas y universales, usando el sistema que se utiliza para elegir a los actuales congresistas. Se utilizarán el sistema de listas y asignación de cupos según número de votos, o sea un sistema proporcional. Muy distinto al sistema binominal que se utilizó por muchos años.

10.-¿Quiénes podrán ser candidatos?

R: Todo ciudadano que cumpla con los siguientes requisitos: Ser ciudadano o ciudadana con derecho a sufragio. No se distingue nivel educacional o una edad superior a los 21 años como para ser diputado. Esto quedó fijado en el artículo 132 donde se señala que solo basta reunir las condiciones del artículo 13[62] de la Constitución. Para algunos polítologos dicho requisito es muy laxo en una cuestión tan importante como es el hecho de participar de forma directa en la deliberación, creación y concreción de una nueva carta magna.
Las autoridades elegidas popularmente o que gozan de la exclusiva confianza del presidente de la república, como intendentes, gobernadores, ministros de estado, etc., cesarán en sus cargos al inscribir sus candidaturas. También dice la constitución que: "Las personas que desempeñen un cargo directivo de naturaleza gremial o vecinal, deberán suspender dichas funciones desde el momento que sus candidaturas sean inscritas en el Registro Especial (...)".

11.-¿Quiénes no podrán ser candidatos? ¿Qué pasará con los conflictos de interés?

---

[62] La Constitución de 1980, señala en su artículo 13, lo siguiente: "Artículo 13.- Son ciudadanos los chilenos que hayan cumplido dieciocho años de edad y que no hayan sido condenados a pena aflictiva.

La calidad de ciudadano otorga los derechos de sufragio, de optar a cargos de elección popular y los demás que la Constitución o la ley confieran.

Los ciudadanos con derecho a sufragio que se encuentren fuera del país podrán sufragar desde el extranjero en las elecciones primarias presidenciales, en las elecciones de Presidente de la República y en los plebiscitos nacionales. Una ley orgánica constitucional establecerá el procedimiento para materializar la inscripción en el registro electoral y regulará la manera en que se realizarán los procesos electorales y plebiscitarios en el extranjero, en conformidad con lo dispuesto en los incisos primero y segundo del artículo 18.

Tratándose de los chilenos a que se refieren los números 2º y 4º del artículo 10, el ejercicio de los derechos que les confiere la ciudadanía estará sujeto a que hubieren estado avecindados en Chile por más de un año." Extraída de: https://www.bcn.cl/formacioncivica/constitucion.html (Revisada el día 10 de febrero del año 2020).

R: Todos aquellos ciudadanos que tienen suspendidos sus derechos políticos, que están condenados a penas que impongan esta prohibición, o hayan perdido su ciudadanía por otro motivo legal.

12.-¿Será obligatorio votar en el plebiscito del 26 de abril del 2020 y luego en las elecciones de los convencionales en octubre 2020?

R: Esto dependerá de si se reforma la Ley actual de votaciones y escrutinios, que define un sistema de inscripción automática de los electores y un voto voluntario. Los países con las democracias más sólidas poseen un sistema de voto voluntario. La actual reforma del capítulo XV de nuestra Constitución, sólo deja como voto obligatorio al plebiscito final que debe realizarse al final del proceso de discusión de la redacción de la nueva constitución, el denominado: Plebiscito Constitucional, establecido en el artículo 142 de nuestra actual constitución.

13.- ¿Por qué se habla de cuotas de género y pueblos originarios?

R: Se está tramitando una ley que genere mayor equidad de género en la representación del posible órgano constitucional. Se desea generar espacios obligatorios en las listas de candidatos para las mujeres. Y también un sistema de escaños reservados para pueblos originarios. Estas políticas de inclusión buscan romper los monopolios históricos de ciertos sectores de la sociedad sobre devenir político. Existen experiencias internacionales exitosas en paridad de género como en Bélgica y la inclusión de pueblos originarios como en Canadá o Nueva Zelanda. Lo importante es definir que estas cuotas no rompan las reglas democráticas, y signifiquen una disminución de los ciudadanos elegidos por voto popular.

14.-¿Serán remunerados los miembros de la Convención?

R: La reforma constitucional del 24 de diciembre del 2019, señala que los miembros de la convención constituyente recibirán una dieta de 50 UTM (aproximadamente $ 2.600.000). También se establecerán asignaciones para que estos desempeñen su trabajo y el pago de asesorías especializadas, para dichas asignaciones aún no se sabe los montos y serán fijadas en un Reglamento de funcionamiento de dicha Convención.

15.-¿Cuánto dinero costará redactar la nueva constitución?

R: Aquí tenemos que distinguir. La Convención Constitucional Mixta será más barata de gestionar, ya que el 50% de sus miembros son parlamentarios en ejercicio. Los que ya reciben dieta. Se calcula el gasto aproximado mensual en $ 240.000.000 aproximadamente. En cambio la Convención Constitucional, integrada 100% por ciudadanos electos para el cargo, tendrá un costo de aproximado de: $ 400.000.000. La Convención Constitucional Mixta su costo anual será de 3.640.000.000, y el costo anual de la Convención Constitucional será de $5.620.000.000.-
No sabemos de los gastos operacionales y de implementación los cuales puede duplicar estas cifras por mes. Podriamos hablar de varios millones de dolares invertidos en esta institución.

16.-¿Cómo participa la ciudadanía que no milita partido político en las elecciones de convencionales. Los independientes podrán ser candidatos para integrar la Convención Constituyente?

R: Se discute abrir la participación a ciudadanos sin afiliación política partidista. Pero la ley que permita la generación de listas de candidatos independientes sigue su curso, aún se discute. Tendremos que esperar hasta abril del año 2020, para ver avances y definiciones. Pero la ciudadanía tendrá un deber y derecho de participar mediante sus representantes. Tendrá que presionar a los partidos para que abran sus cupos a independientes y generar pactos electorales representativos de la sociedad civil.

17.-¿Qué papel jugarán los Poderes Legislativo, Judicial y Ejecutivo en el proceso de redacción de la nueva constitución?

R: Los tres poderes proveerán un marco jurídico, de orden público, respeto a las libertades esenciales, respeto a los derechos humanos, y promoverán el diálogo democrático. Aportando al debate con ideas, expertos técnica, y apego a la legalidad. En el artículo 134 se señala: "Corresponderá al Presidente de la República, o a los órganos que éste determine, prestar apoyo técnico, administrativo y financiero que sea necesario para la instalación y funcionamiento de la Convención". Como podemos ver el presidente o sea el poder ejecutivo tendrá una importante labor en prestar apoyo técnico al órgano constituyente.

18.-¿Cómo se votarán los artículos de la Constitución, qué mayorías se necesitan para aprobarlos?

R: El quórum de aprobación de todos los artículos será de 2/3, esto permite que cada artículo sea ampliamente consensuado y legitimado por ende. Así se expresó en el acuerdo del 15 de noviembre y quedó consagrado en el artículo 133 de la Constitución, donde se señala: "La convención deberá aprobar las normas y el reglamento de votación de las mismas por un quórum de dos tercios de sus miembros en ejercicio. La Convención no podrá alterar los quórum ni procedimientos para su funcionamiento y para la adopción de acuerdos."

19.-¿Cómo será la orgánica de funcionamiento de la Convención Constituyente?

R: La orgánica principal está dada por su número de miembros que serán 155 y tendrán como función exclusiva estudiar, discutir y aprobar un borrador de nueva constitución. Tendrá que elegir a un presidente y vicepresidente en la primera sesión de instalación del órgano, donde señalará el lugar donde sesionará, se elegirán estos cargos por mayoría absoluta de sus miembros. Esto quedó establecido en el artículo 133 de la actual y reformada carta magna.

20.- ¿Cómo será la orgánica de funcionamiento de la Convención Mixta Constituyente?

R: Si gana esta opción en el plebiscito de entrada, el órgano tendrá un número de miembros con 186 escaños. De estos, 86 ciudadanos elegidos por cada uno de los distritos 27 distritos, y no podrán tener menos de 3 ni máximo 8 Convencionales Constituyentes. Los otros 86 ciudadanos serán parlamentarios en ejercicio, los cuales serán electos por el Congreso Pleno. Tendrá que elegir a un presidente y vicepresidente en la primera sesión de instalación del órgano, donde señalará el lugar donde sesionará, se elegirán estos cargos por mayoría absoluta de sus miembros. Esto quedó establecido en el artículo 133 de la actual y reformada carta magna.

21.-¿Cuánto tiempo tiene la Convención Constituyente o Convención Constituyente Mixta, para redactar la nueva carta magna?

R: En principio 9 meses. Pero se puede extender por 3 meses más por una única vez por facultad del presidente del órgano. O sea la duración máxima de la discusión será por un año. Luego de vencida la segunda prórroga, la Convención se disolverá de pleno derecho según reza la parte final del artículo 137 de la actual constitución.

22.-¿El plebiscito ratificatorio de la constitución nueva, tiene fecha?

R: No hay fecha aún. Todo dependerá cuando esté listo el borrador final de la nueva constitución.

23.- ¿Qué pasa si gana el sí en el plebiscito constitucional (ratificatorio)?

R: Si el sí gana, se promulga la nueva Constitución Política de la República y se deroga la anterior.

24.-¿Qué pasa si gana el no en ese plebiscito ratificatorio?

R: Si se rechaza la proposición de nueva constitución, continuaremos rigiéndonos por la Constitución de 1980. Existe una discusión, unos dicen que deberá instalarse de nuevo la Convención Constituyente en una de sus vertientes. Otros dicen que se deroga el poder constituyente de dicho órgano y se mantiene la constitución anterior. Se decantó nuestro legislador por esta segunda opción.

25.-¿Es cierto que esta discusión de nueva constitución será en una hoja en blanco, o sea, no se tomarán en cuenta nuestras constituciones anteriores?

R: El artículo 135 de nuestra Constitución, señala que el órgano que discuta la nueva constitución no puede dejar de respetar la constitución vigente, los fallos de los tribunales de justicia, el sistema republicano democrático, por lo tanto esa hoja en blanco no es cierta como lo plantean algunos sectores radicales.

Los países con institucionalidad seria y niveles de desarrollo democrático elevado, jamás han despreciado sus tradiciones jurídicas. Más bien reconocen esa herencia y desde ella mejoran y perfeccionan los mecanismos constitucionales. Una hoja en blanco es un concepto que maneja un sector de la política chilena, más bien la construcción de las constituciones como hemos visto en este librito responde al reconocimiento de unos derechos que emanan del hombre anteriores al Estado y superiores a la voluntad de algunos.

En esto reside el poder de la constitución como límite al poder temporal del soberano o los que tienen delegado el poder soberano. Creemos que los Constituyentes deben tomar en cuenta toda la historia constitucional chilena, entendiendo que ninguna constitución anterior a 1980 fue pura en su origen. Todas surgieron o de guerras civiles o ruidos de sables. Pero eso no invalida el desarrollo institucional alcanzado por un pequeño país sudamericano y pobre como Chile.

24.-¿Por qué algunos actores políticos deseaban Asamblea Constituyente y se negaron a participar de los acuerdos del 15 de noviembre del 2019?

R: Al parecer, la evocación de Asamblea Constituyente (AC) es una forma de conectar con las revoluciones populares de Chávez en Venezuela y el movimiento al socialismo de Evo Morales en Bolivia. Pero realmente no se entiende la postura política de aquellos que no firmaron el acuerdo de paz y nueva constitución de noviembre del 2019. En la práctica la Convención Constituyente establecida con su composición 100% ciudadana es una Asamblea Constituyente.

26.-¿La polarización política podría trabar la discusión de la nueva constitución?

R: Vivimos en momentos de polarización como fenómeno global en las democracias occidentales. Creemos que dicha polarización podría constituir un escollo para el desarrollo de la discusión, pero nunca un impedimento.
El quórum acordado de 2/3 para aprobar los artículos de la nueva constitución, podría constituirse en una garantía suficiente de diálogo y entendimiento mutuo, donde todas las partes tendrán que ceder ante las posturas extremas.

27.-¿Existirá una órgano técnico con asesores expertos que pueda aportar conocimientos en derechos comparado y otras ramas de las ciencias a los constituyentes?

R: Sí, el artículo 133 señala que para funcionar el órgano redactor de la constitución: "deberá constituir una secretaría técnica, la que será conformada por personas de comprobada idoneidad académica o profesional". En el actual Congreso Nacional existe la denominada Biblioteca del Congreso, la cual tiene una sección de estudios que genera contenido de calidad científica reconocida con el fin de apoyar la labor legislativa de los congresistas. La secretaría técnica arriba señalada deberá ser imparcial y exclusivamente técnica.
Creemos esencial que un órgano de estudios debe también ser compuesto por los expertos más importantes de Chile y el mundo, para así generar contenido de calidad que permita dar insumos a los Convencionales Constituyentes.

28.-¿Existe el populismo constituyente?

R: Sí, cuando se le atribuyen poderes cuasi mágicos a la constitución. Cuestión que es manifestación de la manipulación populista de algunos sectores políticos. Como por ejemplo asegurar que la constitución acabará con la pobreza, la desigualdad entre las personas, detendrá el cambio climático, etc. Las constituciones pueden ordenar la forma política elemental de una sociedad y dirigir las fuerzas sociales a unidad, cohesión y estabilidad democrática. Pedir de las constituciones la salvación del mundo, es darle un lugar imposible. Pedir a la constitución más justicia social, libertades, y derechos económicos es justo, pero la concreción de dichas aspiraciones dependerá de una serie de factores presupuestarios, sociales y culturales.[63]

29.-¿Qué límites tiene el proceso constituyente según la reforma constitucional, capitulo XV del 23 de Diciembre del 2019?

R: Chile a pesar de sus problemas de desigualdad social y económica, es una democracia admirable en el contexto mundial[64]. Por ello es importante respetar la institucionalidad vigente que ha permitido esta realidad institucional.
El 24 de diciembre del 2019 se aprobó la reforma del capítulo XV, modificando la forma de modificación de la constitución, para así cumplir con el acuerdo político social del 15 de noviembre del año 2019.

---

[63]Véase: **Sarmiento Erazo, Juan Pablo**. (2013). POPULISMO CONSTITUCIONAL Y REELECCIONES, VISCITUDES INSTITUCIONALES EN LA EXPERIENCIA SUDAMERICANA. *Estudios constitucionales*, *11*(1), 569-602. En: https://dx.doi.org/10.4067/S0718-52002013000100016

[64]Véase el último **Index de la democracia 2019 elaborado por The Economist**, sobre las democracias en el mundo, Chile y Uruguay en el 2019 son las únicas democracias perfectas en la región sudamericana, Chile subió de escalón gracias a la masiva participación ciudadana post 18 de octubre en:

https://www.eiu.com/public/topical_report.aspx?campaignid=democracyindex2019 (revisada el día 12 de febrero del 2020)

La Convención tendrá un control de sus decisiones ejercidas por sus propios miembros y un control judicial que lo realizará la Corte Suprema con 5 de sus miembros. Dicho control judicial revisará cuestiones de procedimiento conectados con el capítulo XV de la constitución, no se pronunciará en cuestiones de fondo de la discusión. Las limitaciones del contenido están establecidas en dicha reforma y se expresan en que los Convencionales Constituyente no pueden modificar la naturaleza los acervos jurídicos naturales de toda constitución: Reconocimiento a los derechos humanos, separación de poderes, la forma de gobierno de una república democrática, el principio de estado de derecho y supremacía constitucional. Por ello se estableció en dicha reforma constitucional que la base de trabajo será:
1.-El carácter de República del Estado de Chile;
2.-Su régimen democrático;
3.-Las sentencias judiciales;
4.-Los tratados internacionales ratificados por Chile y que se encuentren vigentes.

30.-¿Cuáles deben ser las características de los ciudadanos elegidos para la convención constituyente en cualquiera de sus vertientes?

R: Los ciudadanos elegidos deben cumplir con todos los requisitos legales, que en la práctica es ser ciudadano mayor de 18 años. Pero más aún —aunque la ley no lo señale— deben contar con una formación ética e intelectual adecuada al desafío de participar en la redacción de la norma fundamental de la nación.
Además deberá la Secretaria Técnica ser un órgano de estudio con participación científica y técnica transversal, que informe a los miembros de la Convención Constituyente sobre los aspectos jurídicos más relevantes de cada capítulo de la nueva constitución en consonancia con la tradición constitucional chilena y teniendo a la vista las normas de derecho comparado más exitosas.

31.- ¿Podría darse una participación colaborativa por Internet, para redactar la nueva constitución?

R. La participación colaborativa de la ciudadanía debe darse por medio de todos los canales posibles. En el reglamento de funcionamiento que debe auto otorgarse el órgano convencional podría establecer esta modalidad de e-participación, ya que existe el desarrollo tecnológico en el país suficiente y la penetración de los teléfonos inteligentes es casi total en la población nacional.
Tenemos un canal como es el del Internet 2.0, o sea, a través de conversaciones online, y foros de discusión, esto se denomina e-participación. Aquí los interlocutores tendrán que ser la ciudadanía y sus representantes en la Convención Constituyente. Debemos entender que los Convencionales Constituyentes son representantes de la soberanía popular. Son la expresión máxima de la democracia representativa, por lo tanto su deber supremo es representar los intereses de la nación toda mediante la búsqueda del bien común mediante la norma comunicacional. Por ello deben acoger las inquietudes de la ciudadanía y someterlas a un estudio serio y detallado para dar viabilidad de dichos requerimientos en el articulado de la norma constitucional.

32.- ¿Cómo podemos prevenir la corrupción en el órgano Constituyente?

R: El artículo 134 de la Constitución entrega los límites legales de las actuaciones de los Convencionales Constituyentes. La corrupción es uno de los principales flagelos de la democracia. Lógicamente la Convención Constituyente tendrá muchas presiones del lobby de empresas, colectivos y otras fuerzas que actúan en las democracias.
La transparencia y la vigilancia de la ciudadanía serán claves para prevenir actos de corrupción en el órgano constituyente. Más bien al ser un órgano deliberativo y propositivo, siempre el resultado de la redacción de la nueva constitución, tendrá que pasar por la aprobación popular mediante el plebiscito ratificatorio con voto obligatorio establecido en la última reforma constitucional del capítulo XV de nuestra Constitución de 1980. En este plebiscito, manifestación de la democracia directa, se deberá aprobar la labor de dicho órgano, o reprobar su trabajo con el respectivo rechazo.

33.- ¿Se podrán denunciar y acusar actos ilegales o vicios del proceso constituyente?

R: Si, existe en el capítulo XV, artículo 136 de nuestra Constitución, un procedimiento ante la Corte Suprema donde se pueden acusar vicios en la tramitación de forma (pero no de fondo, ya que existe libertad plena de discusión) de la discusión de la nueva constitución, ante un tribunal colegiado de 5 ministros de la Corte Suprema. Dicho requerimiento de control de legalidad, es de carácter formal, y podrá ser requerido por un mínimo de cuatro Convencionales Constituyentes, en el plazo de 5 días desde que se conoció del vicio de tramitación. También existirá el control que permanentemente se den entre sí los propios convencionales, dentro de sus funciones. El fondo de las discusiones no puede ser impugnado por otro poder del Estado, esto permite la autonomía plena del órgano constituyente y la libertad de deliberación que un principio básico de todo órgano colegiado democrático.

34.-¿Podrán recibir visitas de lobistas los Convencionales Constituyentes?

R: Los lobistas son personas dedicadas a representar a grupos de personas o empresas ante autoridades de los poderes el Estado, su misión es entregar la visión parcial del grupo al que representa a las autoridades de un poder del Estado, con el fin de que de dicha opinión sea tomada en cuenta.
El artículo 134 de la Constitución señala que se deben regir por las leyes de probidad de la función pública y específicamente por la Ley del Lobby. En todo caso las autoridades de la nación deben cumplir con la Ley del Lobby, a la cual todas las autoridades están sometidas. Manteniendo actualizada las listas de las visitas de los lobistas, esta ley busca transparentar las actuaciones del lobby con autoridades de los Poderes del Estado, con el fin de mejorar los estándares de probidad y transparencia de las actuaciones de dichos personeros.

36.-¿Cuáles son las medidas de transparencia de las actas y discusiones en Convención?

R: Aún no se establece el reglamento de la Convención Constituyente. Pero entendemos que debe existir la máxima transparencia en la tramitación de cada artículo de la nueva constitución. Deberá existir un portal web habilitado, donde se informe, ilustre, enseñe y permita participar a la ciudadanía en tan importante discusión. Dicho portal debe ser de fácil acceso, con las lenguas oficiales del Estado de Chile, acceso para personas con necesidades especiales, secciones educativas, y transmisiones en vivo de las sesiones del órgano. También se podría implementar una plataforma de e-participación donde se recojan, ideas, sugerencias y reclamos de los ciudadanos. Y que dichas opiniones de alguna manera vinculen a los constituyentes en iniciar discusiones en el seno de la convención.

37.-¿Las organizaciones de la sociedad civil serán escuchadas?

R: El proceso constituyente vive y se debe a la sociedad civil. Más bien como principio de su actuar, este órgano se debe regir por la búsqueda del bien común de toda la nación, sin preferencia por grupo intermedio definido. Debido a la democratización del conocimiento y la información que vivimos como sociedad. La sociedad civil organizada será el actor más influyente de dicha convención. Las universidades y centros de estudio; las empresas y su departamentos de innovación y desarrollo tecnológico; las ONG en sus diferentes vertientes, colegios profesionales, asociaciones gremiales, fundaciones y corporaciones, asociaciones indígenas, clubes deportivos, Iglesias, y toda institución legal o paralegal que represente un interés general de ciudadanos deben ser escuchados y respetadas sus autonomías.

38.-¿Es bueno que los convencionales no tengan nada que ver con la clase política y partidos políticos?

R: No podemos separar la naturaleza política de toda discusión democrática. Ni podemos negar la naturaleza política del ser humano, ya identificada por los antiguos griegos como una parte importante del rasgo antropológico elemental de la humanidad.

Más bien debemos preocuparnos que la ética y la búsqueda del bien común sean el fin último de toda persona dedicada a la política. Debemos cuidar que la política no quede vacía, y solo se llene ansias de poder. Porque una política débil será el inicio del fin de una democracia sana. Debemos vigilar que el actuar de dichas personas se apegue a la búsqueda de un bien general sobre un bien particular.

El bien común como paradigma y fin de toda actuación política debe ser reivindicado por todos los actores sociales, y exigido por la ciudadanía. Por lo tanto no debemos eliminar a la clase política de la nación del debate de una nueva constitución, más bien debemos exigirle un nivel de perfección mayor y un comportamiento ético superior.

Los partidos políticos son la base de un sistema democrático representativo, en ellos las personas con ciertos valores similares logran crear un proyecto político que representa una autentica búsqueda del bien común —en base a este supuestos— son piezas esenciales de la democracia. El debilitamiento de los partidos políticos como indicó hace más de medio siglo atrás el profesor Gustav Radbruch, indica el peligro de una pérdida de la democracia, Radbruch señaló: "Es sustancial en la democracia que la autoridad del Estado emane del pueblo, es decir, que todas las funciones del Estado respondan, directa o indirectamente, a la voluntad popular, manifestada por medio de elecciones. Ahora bien, ni las elecciones ni las votaciones populares son posibles sin una agrupación previa del pueblo, de la que surjan los candidatos y que sirva para esclarecer, antes de que el pueblo vote, las diferencias y contradicciones acerca de las cuales han de pronunciarse los electores o votantes. Esta labor tan necesaria, sólo pueden llevarla a cabo los partidos; por eso, la democracia o gobierno del pueblo es inseparable del régimen de los partidos. Atentar contra la existencia o el libre funcionamiento de los partidos es atentar contra la democracia."[65] Hoy con la desintegración de los partidos políticos, y la existencia de nuevas comunidades de intereses políticos como son muchas veces las asociaciones civiles, ONGs, movimientos ciudadanos, vemos como los partidos pierden fuerza en su capacidad de adaptarse a las nuevas exigencias de la ciudadanía y en esa misma línea pierden la capacidad de proponer una vía política válida. Hoy asistimos al fin de los partidos y al surgimiento de la sociedad civil empoderada en sus intereses atómicos o particulares, el drama de esta cuestión es que igualmente los partidos tienen una función imprescindible en nuestro esquema democrático.

39.-¿Qué significa un estado plurinacional, se reconocen a los pueblos índigenas en las leyes y constituciones?

---

[65]**Radbruch, Gustav**, "Introducción a la filosofía del derechos", Trad. Wenceslao Roces, Mexico,FCE,1951, Reimpresión nº11 2013, Pp. 166.

R: En el contexto latinoamericano, la Constitución de Bolivia (2009) estableció un reconocimiento a las diversas naciones indígenas que conviven en su territorio, y estableció en su texto constitucional reconocimiento expreso de la existencia de ellas y sus derechos propios. Reconociendo las diversidades nacionales indígenas presentes en su territorio, reconoce sus culturas, lenguas y proyectos sociales propios. El derecho a preservar y mantener su identidad —naciones indígenas— es una característica esencial de un Estado plurinacional.

---

[66]" *"Una de las materias que ha adquirido relevancia en materia de Derechos Humanos, a nivel internacional, es el reconocimiento y protección de los pueblos indígenas. La Declaración de las Naciones Unidas sobre los Derechos de los Pueblos Indígenas adoptada por la Asamblea General en septiembre de 2007 (aprobada por Chile), establece ciertos compromisos de los Estados para adoptar medidas que permitan su implementación. En su Preámbulo se establece la igualdad de los pueblos indígenas con todos los demás pueblos, y se reconoce "el derecho de todos los pueblos a ser diferentes, a considerarse a sí mismos diferentes y a ser respetados como tales". A nivel regional, la Organización de Estados Americanos (OEA) creó en 1997 un Grupo de trabajo encargado de elaborar el proyecto de Declaración Americana sobre los Derechos de los Pueblos Indígenas. Por su parte, la Corte Interamericana de Derechos Humanos se ha pronunciado sobre los derechos de los pueblos indígenas a la propiedad de las tierras y recursos, a la participación política, y a la consulta previa, entre otros derechos, recurriendo en ciertos casos a la Declaración de Naciones Unidas como fuente de derecho en su labor interpretativa. En el caso de la Organización Internacional del Trabajo (OIT), se adoptó el Convenio Nº 169 (1989), Convenio sobre Pueblos Indígenas y Tribales en países independientes (en vigor desde 1991) y que fue ratificado por Chile en el año 2008, entrando en vigencia el 15 de septiembre de 2009. Los principios básicos del Convenio 169 son:*

En el Censo del año 2002 el 4,6% de la población dijo pertenecer a uno de los ocho pueblos considerados en la Ley Indígena (Mapuche, Aimara, Rapa Nui o Pascuenses, la de las comunidades Atacameñas, Quechuas, Collas y Diaguita del norte del país, las comunidades Kawashkar o Alacalufe y Yámana o Yagán de los canales australes). El pueblo Mapuche es el más numeroso, representando el 87,3% del total de la población indígena en el país." Extraida de la guía de formación civica de la Biblioteca del Congreso Nacional, en: https://www.bcn.cl/formacioncivica/detalle_guia?h=10221.3/45660 (Revisada el 20 de febrero del 2020).

Tenemos un gran desarrollo del derecho internacional en orden a reconocer los derechos de los pueblo índigenas, aunque nuestra legislación actual reconoce su existencia en la Ley Nº 19.253, llamada Ley Indígena, dispone:*"El Estado reconoce que los indígenas de Chile son los descendientes de las agrupaciones humanas que existen en el territorio nacional desde tiempos precolombinos, que conservan manifestaciones étnicas y culturales propias siendo para ellos la tierra el fundamento principal de su existencia y cultura.".* cuestión que sería importante incluir en nuestra nueva constitución o futura reforma de la actual[66]. Mas siempre sera importante que la constitución en su preambulo los reconozca como primero habitantes de la nación y herederos de una cultura uníca que nos ayudara a reconstruir nuestra cosmovisión en una nueva civilización.

40.-¿Qué significa un gobierno digital?

R: El gobierno digital o e-gobierno es la forma de expresión del gobierno mediante el uso intensivo de Tics y Web 2.0. Donde las autoridades del gobierno, o sea del Poder ejecutivo toman contacto con la población, recogen sus peticiones, dialogan y median los conflictos, para buscar la co-creación de políticas públicas creativas, eficientes y sustentables en el tiempo, que verifiquen la concreción del principio de servicio a la persona humana y la búsqueda del bien común como fines elementales de un Estado de derecho.

41.-¿Por qué el diálogo político social es tan importante en una discusión constitucional?

R: El diálogo es la base de toda democracia sana. La ciudadanía que dialoga es la base de la nueva democracia representativa de la era digital. Se habla de que dicho diálogo se traslada cada día más desde los espacios físicos a los espacios cibernéticos. Hablamos entonces de e-democracia.

El debate social será de absoluta relevancia en este momento histórico. Dicho debate debe expresar por los actores sociales una profunda convicción en los valores de la democracia y el orden legal que la sustenta, o sea nuestra Constitución vigente. Sin respeto por la democracia y la ley, no puede existir un ambiente para el debate. Por lo tanto debemos cuidar entre todos este ambiente. Se deben aislar a los actores sociales que utilicen la violencia para imponer sus puntos de vista en el debate constitucional. Las doctrinas políticas que promuevan la lucha violenta y fratricida deben ser denunciadas por todos los actores políticos como doctrinas antidemocráticas que buscan el poder exaltando valores amorales.

42.-¿La Convención mirará las constituciones exitosas de países desarrollados?

R: La Convención Constituyente en cualquiera de sus formas, deberá estudiar detalladamente las constituciones políticas exitosas en la historia reciente de occidente (tarea de la Secretaría Técnica y los propios Convencionales Constituyentes). Con especial importancia la construcción jurídica dogmática europea y americana. Tendrá que tener en cuenta las Constituciones con acervos jurídicos similares a la chilena como la Constitución española de 1978 o la Constitución italiana de 1947.

43.-¿En el contexto latinoamericano, qué ha sucedido en los recientes debates constitucionales?

R: En los últimos veinte años el constitucionalismo sudamericano ha sufrido una serie de cambios. Hemos visto un debilitamiento de las democracias reales en Venezuela, Bolivia y Argentina. Dicha erosión se debe a la irrupción de ciertos populismos que utilizando el eslogan constitucional han debilitado el orden democrático liberal, generando gobiernos autocráticos afianzados en democracias débiles con sesgos fuertes de autoritarismo, como el caso de Venezuela y Bolivia, donde la separación de poderes es debilitada por el poder ejecutivo, y los demás poderes del Estado dominados por estructuras de poder ligadas a un partido único.

44.-¿Si se ratifica la nueva constitución cuándo empezará a regir?

R: La constitución nueva debe ser aprobada por un plebiscito ratificatorio con voto obligatorio. Luego de celebrado dicho acto democrático, y ratificado el resultado por los órganos legalmente investidos para ello, y si el Sí es la opción ganadora, deberá empezar a regir la nueva constitución *in actum*. Produciéndose la derogación de la Constitución de 1980 de forma automática.

45.-¿Podríamos hablar de una nueva constitución sin vicios de legitimidad?

R: Podremos hablar de ausencia de vicios de legitimidad solo sí en esta nueva constitución se respetan las reglas constitucionales establecidas en la reforma constitucional del capítulo XV, o sea, se respete la validez de Constitución de 1980, las sentencias judiciales firmes, los tratados internacionales ratificados por Chile, y el carácter democrático de nuestro gobierno. Será elemental para la legitimidad de la nueva constitución que todos los actores sociales adhieran a los principios democráticos, separación de poderes de forma irrestricta, y respeto a los derechos humanos.

46.-¿Quién nos asegura que la constitución tenga los estándares de una constitución de país desarrollado?

R: Los poderes del Estado y la Secretaría Técnica de Convención Constituyente tendrán que aportar suficientes insumos técnicos de nivel científico jurídico para lograr este objetivo. También la inteligencia colectiva de la ciudadanía socialmente organizada deberá ponerse al servicio del bien común, cada persona y grupo intermedio con saberes técnicos y científicos reconocidos en sus áreas de experticia deberán tener oportunidad de aportar al debate tanto desde una página de e-participación, como de forma presencial en la Convención, y sus diferentes comisiones de trabajo. Aquí los expertos en derecho constitucional nacional y derecho constitucional comparado tendrán una palabra relevante.

47.-¿ Se podrá modificar la nueva constitución, sí con el andar del tiempo muestra falencias?

R: Sí, la nueva constitución deberá tener un capítulo donde se señale el mecanismo de modificación de su contenido y los quórums requeridos para modificar sus distintos capítulos. Siguiendo un esquema constitucional validado en derecho comparado o historia constitucional reciente nacional.

49.-¿Los Constituyentes podrían acordar una forma de gobierno distinta a la República Democrática?

R: No será posible modificar la forma de gobierno de la República Democrática de Chile. Ya que el capítulo XV de nuestra Constitución actual obliga al poder constituyente originario a respetar la vocación democrática de la nación chilena. También no se podrán atribuir la Convención la totalidad de la soberanía popular, ya que esta se expresa mediante el voto y la elecciones de las autoridades, ya que nuestro sistema democrático funciona con las reglas de la representación, esto quedó señalado en el artículo 135 de la Constitución, donde se señaló: "(..) mientras la convención esté en funciones, la soberanía reside esencialmente en la Nación y es ejercida por el pueblo a través de los plebiscitos y elecciones periódicas que la constitución y las leyes determinen, y también, por las autoridades que esta Constitución establece. Le quedará prohibido a la Convención, a cualquiera de sus integrantes o a una fracción de ellos, atribuirse el ejercicio de la soberanía, asumiendo otras atribuciones que las que expresamente le reconoce esta Constitución" Por lo tanto Convención no es un órgano que puede borrar de un plumazo la institucionalidad como algunos en sus discursos pretenden, más bien se debe a la soberanía que ejerce la nación toda mediante la democracia representativa como modelo político nacional.

50.- ¿Los Constituyentes podrán ser destituidos de sus cargos por faltas a probidad y las leyes de la República?

R: El artículo 134 de la Constitución señala: "Los Convencionales Constituyentes estarán afectos a las normas de la ley Nº 20.880, sobre probidad en la función pública y prevención de los conflictos de interés, aplicables a los diputados, y a la ley Nº 20.730, que regula el lobby y las gestiones que representen intereses particulares ante las autoridades y funcionarios." Por lo tanto deberán someterse en igualdad de condiciones a las leyes de probidad, prevención de conflictos de intereses y lobby aplicable a los diputados de la república.

*

51.-¿ Que tendencias políticas existen en Chile hoy en día, estaran representadas en la Convención Constituyente?.

R: Siguiendo a C.Mudde[67], podemos encontrar distintas miradas políticas de la democracia en la sociedad posmoderna, que responden a diversas visiones políticas de la sociedad, existen hoy en nuestra democracias representativas cuatro grandes visiones, que aquí te damos a conocer.

Tenemos al Liberalismo de izquierda o Liberalismo social, en esta dimensión poliítica los ciudadanos identifican el valor de la libertad personal como un bien elemental de la democracia, pero en cuanto a la regulación del mercado son más propensos a la regulación de este de forma más intensiva, buscan la concreción el valor de la igualdad por vías de una intervención decidida del Estado, este sector politico piensa que el Estado tiene un rol imporanten en dar garantías de igualdad de trato a las personas. En este sector pólitico tenemos en nuestro país a partidos como el PPD, Partido Radical y Democracia Cristiana, por mencionar algunos del escenario nacional.

---

[67] **Mudde, C**, " Three decades of populist radical right parties in Western Europe: So What?,en European Journal of Political Research, Vol. 52, Nº1, Enero 2013. Pp.34 y ss.

Tambien existe el Comunitarismo de izquierda o democracia social, los ciudadanos que se identifican con esta corriente doctrinaria, ven en el Estado el gran garante de la igualdad, para el comunitarismo de izquierda la libertad es un valor de indole secundario. En este sentido promueven una censura permanente al libre mercado, y tienden a establecer un sistema de economia mixta, o sea que la presencia de empresas estatales sea más fuerte en la economía. Tratan de proponer una redistribución de la riqueza vía impuestos elevados y ampliación del aparato Estatal. Aquí tenemos al Partido Socialista Chileno, Revolución Democraticas, y gran parte de los sectores del denominado Frente Amplio.
Comunitarismo de derecha o neo conservadurismo. Este sector político mira la labor del Estado con desconfianza, y buscan la modernización del mismo. Reconocen en el valor de la libertad el gran motor de las democracias y generación de riqueza, ya que creen en los postulados de la economía clasica del libre mercado. Este sector político no cree que el Estado deba participar en la economia de forma directa y postulan que las desigualdades sociales se combaten con menos impuestos y mas autonomia a los grupos intermedios de la sociedad como las empresas y personas. Aquí encontramos en este sector a Evopoli, La UDI y Renovacón Nacional.
El liberalismo de derecha o ideologias libertarias. Creen que el bien supremo de toda democracia es la libertad en todas sus dimensiones. Le entregan a la libertad de asociación y libre mercado la centralidad del poder para resolver los problemas sociales. Quieren reducir el papel del Estado a su minima expresión, como un garante del orden público y a seguridad. En Chile podriamos establecer que el Partido Republicano se encuentra en esta area.

Existe
Y sigamos dialogando....

Apéndice.

2.- Reforma constitucional del 23 de diciembre del año 2019. Capítulo XV de la Constitución Política de la República de Chile. Ley 21.200.

LEY NÚM. 21.200

MODIFICA EL CAPÍTULO XV DE LA CONSTITUCIÓN POLÍTICA DE LA REPÚBLICA.

Teniendo presente que el H. Congreso Nacional ha dado su aprobación al siguiente proyecto de reforma constitucional, originado en mociones y mensaje, refundidos; la primera, correspondiente al boletín Nº 7.769-07, de los diputados Marcelo Schilling Rodríguez, Tucapel Jiménez Fuentes, Pedro Velásquez Seguir y Guillermo Teillier Del Valle, de las diputadas Cristina Girardi Lavín y Alejandra Sepúlveda Orbenes, de los exdiputados Sergio Aguiló Melo, Felipe Harboe Bascuñán y Roberto León Ramírez, y de la exdiputada Karla Rubilar Barahona; la segunda, correspondiente al boletín Nº 7.792-07, de los diputados Marcelo Díaz Díaz, Pepe Auth Stewart, Marcelo Schilling Rodríguez y Guillermo Teillier Del Valle, de la diputada Alejandra Sepúlveda Orbenes, y de los exdiputados Sergio Aguiló Melo, Osvaldo Andrade Lara, Aldo Cornejo González, Alfonso De Urresti Longton y Marcos Espinosa Monardes; la tercera, correspondiente al boletín Nº 10.014-07, de las diputadas Karol Cariola Oliva, Maya Fernández Allende, Cristina Girardi Lavín, Marcela Hernando Pérez y Camila Vallejo Dowling, de los diputados Giorgio Jackson Drago y Leonardo Soto Ferrada, de los exdiputados Iván Fuentes Castillo y Gaspar Rivas Sánchez, y de la exdiputada Yasna Provoste Campillay; la cuarta, correspondiente al boletín Nº 10.193-07, del diputado Marcelo Schilling Rodríguez, y de los exdiputados Osvaldo Andrade Lara y Guillermo Ceroni Fuentes; el quinto, correspondiente al boletín Nº 11.173-07, de la ex Presidenta de la República Michelle Bachelet Jeria; la sexta, correspondiente al boletín Nº 12.630-07, de los diputados Marcelo Díaz Díaz, Gabriel Boric Font, Tomás Hirsch Goldschmidt, Giorgio Jackson Drago, Vlado Mirosevic Verdugo, Jaime Mulet Martínez, Alexis Sepúlveda Soto y Raúl Soto Mardones, y de las diputadas Andrea Parra Sauterel y Camila Vallejo Dowling; y la séptima, correspondiente al boletín Nº 13.024-07, de las diputadas Loreto Carvajal Ambiado, Carolina Marzán Pinto y Andrea Parra Sauterel, y de los diputados Ricardo Celis Araya, Rodrigo González Torres, Tucapel Jiménez Fuentes y Raúl Soto Mardones:

Proyecto de reforma constitucional:

"Artículo único.- Introducen las siguientes modificaciones en la Constitución Política de la República, cuyo texto refundido, coordinado y sistematizado se contiene en el decreto supremo Nº 100, de 2005, del Ministerio Secretaría General de la Presidencia:

1) Reemplázase el título del Capítulo XV por el siguiente:

"REFORMA DE LA CONSTITUCIÓN Y DEL PROCEDIMIENTO PARA ELABORAR UNA NUEVA CONSTITUCIÓN DE LA REPÚBLICA".

2) Incorpórase, antes del artículo 127, el siguiente epígrafe, nuevo:

"Reforma de la Constitución".

3) Incorpóranse, a continuación del artículo 129, el siguiente epígrafe, nuevo, y los artículos 130 a 143, que lo integran: "Del procedimiento para elaborar una Nueva Constitución Política de la República

Artículo 130. Del Plebiscito Nacional. Tres días después de la entrada en vigencia de este artículo, el Presidente de la República convocará mediante un decreto supremo exento a un plebiscito nacional para el día 26 de abril de 2020.

En el plebiscito señalado, la ciudadanía dispondrá de dos cédulas electorales. La primera contendrá la siguiente pregunta: "¿Quiere usted una Nueva Constitución?". Bajo la cuestión planteada habrá dos rayas horizontales, una al lado de la otra. La primera línea tendrá en su parte inferior la expresión "Apruebo" y la segunda, la expresión "Rechazo", a fin de que el elector pueda marcar su preferencia sobre una de las alternativas.

La segunda cédula contendrá la pregunta: "¿Qué tipo de órgano debiera redactar la Nueva Constitución?". Bajo la cuestión planteada habrá dos rayas horizontales, una al lado de la otra. La primera de ellas tendrá en su parte inferior la expresión "Convención Mixta Constitucional" y la segunda, la expresión "Convención Constitucional". Bajo la expresión "Convención Mixta Constitucional" se incorporará la oración: "Integrada en partes iguales por miembros elegidos popularmente y parlamentarios o parlamentarias en ejercicio". Bajo la expresión "Convención Constitucional" se incorporará la oración: "Integrada exclusivamente por miembros elegidos popularmente", a fin de que el elector pueda marcar su preferencia sobre una de las alternativas. A efecto de este plebiscito, se aplicarán las disposiciones pertinentes contenidas en los siguientes cuerpos legales, en su texto vigente al 1 de enero de 2020:

a) Decreto con fuerza de ley Nº 2, del año 2017, del Ministerio Secretaría General de la Presidencia, que fija el texto refundido, coordinado y sistematizado de la ley Nº 18.700, orgánica constitucional sobre Votaciones Populares y Escrutinios, en los siguientes pasajes: Párrafo V, Párrafo VI, con excepción del inciso sexto del artículo 32 e incisos segundo a cuarto del artículo 33, Párrafo VII, VIII, IX, X y XI del Título I; Título II al X inclusive; Título XII y XIII; b) Decreto con fuerza de ley Nº 5, del año 2017, del Ministerio Secretaría General de la Presidencia, que fija el texto refundido, coordinado y sistematizado de la ley Nº 18.556, orgánica constitucional sobre Sistema de Inscripciones Electorales y Servicio Electoral;

c) Decreto con fuerza de ley Nº 4, del año 2017, del Ministerio Secretaría General de la Presidencia, que fija el texto refundido, coordinado y sistematizado de la ley Nº 18.603, orgánica constitucional de Partidos Políticos, en los siguientes pasajes: Título I, V, VI, IX y X.

Los canales de televisión de libre recepción deberán destinar gratuitamente treinta minutos diarios de sus transmisiones a propaganda electoral sobre este plebiscito, debiendo dar expresión a las dos opciones contempladas en cada cédula, conforme a un acuerdo que adoptará el Consejo Nacional de Televisión y que será publicado en el Diario Oficial, dentro del plazo de treinta días contado desde la publicación de la convocatoria al plebiscito nacional, respetando una estricta igualdad de promoción de las opciones plebiscitadas. De este acuerdo podrá reclamarse ante el Tribunal Calificador de Elecciones dentro del plazo de tres días contado desde la publicación del mismo. El Tribunal Calificador de Elecciones resolverá la reclamación sumariamente dentro del plazo de cinco días contado desde la fecha de su respectiva interposición.

El Tribunal Calificador de Elecciones conocerá del escrutinio general y proclamará aprobadas las cuestiones que hayan obtenido más de la mitad de los sufragios válidamente emitidos. Para estos efectos, los votos nulos y blancos se considerarán como no emitidos. El proceso de calificación del plebiscito nacional deberá quedar concluido dentro de los treinta días siguientes a la fecha de éste. La sentencia de proclamación del plebiscito será comunicada dentro de los tres días siguientes de su dictación al Presidente de la República y al Congreso Nacional.

Si la ciudadanía hubiere aprobado elaborar una Nueva Constitución, el Presidente de la República deberá convocar, mediante decreto supremo exento, dentro de los cinco días siguientes a la comunicación a que alude el inciso anterior, a elección de los miembros de la Convención Mixta Constitucional o Convención Constitucional, según corresponda. Esta elección se llevará a cabo el mismo día que se verifiquen las elecciones de alcaldes, concejales y gobernadores regionales correspondientes al año 2020.

Artículo 131. De la Convención. Para todos los efectos de este epígrafe, se entenderá que la voz "Convención" sin más, hace referencia a la Convención Mixta Constitucional y a la Convención Constitucional, sin distinción alguna. A los integrantes de la Convención se les llamará Convencionales Constituyentes. Además de lo establecido en los artículos 139, 140 y 141 de la Constitución, a la elección de Convencionales Constituyentes a la que hace referencia el inciso final del artículo 130, serán aplicables las disposiciones pertinentes a la elección de diputados, contenidas en los siguientes cuerpos legales, en su texto vigente al 25 de junio del año 2020: a) Decreto con fuerza de ley Nº 2, del año 2017, del Ministerio Secretaría General de la Presidencia, que fija el texto refundido, coordinado y sistematizado de la ley Nº 18.700, orgánica constitucional sobre Votaciones Populares y Escrutinios; b) Decreto con fuerza de ley Nº 5, del año 2017, del Ministerio Secretaría General de la Presidencia, que fija el texto refundido, coordinado y sistematizado de la ley Nº 18.556, orgánica constitucional sobre Sistema de Inscripciones Electorales y Servicio Electoral; c) Decreto con fuerza de ley Nº 4, del año 2017, del Ministerio Secretaría General de la Presidencia, que fija el texto refundido, coordinado y sistematizado de la ley Nº 18.603, orgánica constitucional de Partidos Políticos; d) Decreto con fuerza de ley Nº 3, del año 2017, del Ministerio Secretaría General de la Presidencia, que fija el texto refundido, coordinado y sistematizado de la ley Nº 19.884, sobre Transparencia, Límite y Control del Gasto Electoral.

El proceso de calificación de la elección de Convencionales Constituyentes deberá quedar concluido dentro de los treinta días siguientes a la fecha de ésta. La sentencia de proclamación será comunicada dentro de los tres días siguientes de su dictación al Presidente de la República y al Congreso Nacional.

Artículo 132. De los requisitos e incompatibilidades de los candidatos. Podrán ser candidatos a la Convención aquellos ciudadanos que reúnan las condiciones contempladas en el artículo 13 de la Constitución.

No será aplicable a los candidatos a esta elección ningún otro requisito, inhabilidad o prohibición, salvo las establecidas en este epígrafe y con excepción de las normas sobre afiliación e independencia de las candidaturas establecidas en el artículo 5, incisos cuarto y sexto, del decreto con fuerza de ley Nº 2, del año 2017, del Ministerio Secretaría General de la Presidencia, que fija el texto refundido, coordinado y sistematizado de la ley Nº 18.700, orgánica constitucional sobre Votaciones Populares y Escrutinios.
Los Ministros de Estado, los intendentes, los gobernadores, los alcaldes, los consejeros regionales, los concejales, los subsecretarios, los secretarios regionales ministeriales, los jefes de servicio, los miembros del Consejo del Banco Central, los miembros del Consejo del Servicio Electoral, los miembros y funcionarios de los diferentes escalafones del Poder Judicial, del Ministerio Público, de la Contraloría General de la República, así como los del Tribunal Constitucional, del Tribunal de Defensa de la Libre Competencia, del Tribunal de Contratación Pública, del Tribunal Calificador de Elecciones y de los tribunales electorales regionales; los consejeros del Consejo para la Transparencia, y los miembros activos de las Fuerzas Armadas y de Orden y Seguridad Pública, que declaren sus candidaturas a miembros de la Convención, cesarán en sus cargos por el solo ministerio de la Constitución, desde el momento en que sus candidaturas sean inscritas en el Registro Especial a que hace referencia el inciso primero del artículo 21 del decreto con fuerza de ley Nº 2, del año 2017, del Ministerio Secretaría General de la Presidencia, que fija el texto refundido, coordinado y sistematizado de la ley Nº 18.700. Lo dispuesto precedentemente le será aplicable a los senadores y diputados solo respecto de la Convención Constitucional.

Las personas que desempeñen un cargo directivo de naturaleza gremial o vecinal deberán suspender dichas funciones desde el momento que sus candidaturas sean inscritas en el Registro Especial mencionado en el inciso anterior.

Artículo 133. Del funcionamiento de la Convención. Dentro de los tres días siguientes a la recepción de la comunicación a que hace referencia el inciso final del artículo 131, el Presidente de la República convocará, mediante decreto supremo exento, a la primera sesión de instalación de la Convención, señalando además, el lugar de la convocatoria. En caso de no señalarlo, se instalará en la sede del Congreso Nacional. Dicha instalación deberá realizarse dentro de los quince días posteriores a la fecha de publicación del decreto. En su primera sesión, la Convención deberá elegir a un Presidente y a un Vicepresidente por mayoría absoluta de sus miembros en ejercicio. La Convención deberá aprobar las normas y el reglamento de votación de las mismas por un quórum de dos tercios de sus miembros en ejercicio. La Convención no podrá alterar los quórum ni procedimientos para su funcionamiento y para la adopción de acuerdos.

La Convención deberá constituir una secretaría técnica, la que será conformada por personas de comprobada idoneidad académica o profesional. Corresponderá al Presidente de la República, o a los órganos que éste determine, prestar el apoyo técnico, administrativo y financiero que sea necesario para la instalación y funcionamiento de la Convención.

Artículo 134. Del estatuto de los Convencionales Constituyentes.

A los integrantes de la Convención les será aplicable lo establecido en los artículos 51, con excepción de los incisos primero y segundo; 58, 59, 60 y 61. A contar de la proclamación del Tribunal Calificador de Elecciones, los funcionarios públicos, con excepción de los mencionados en el inciso tercero del artículo 132, así como los trabajadores de las empresas del Estado, podrán hacer uso de un permiso sin goce de remuneraciones mientras sirvan a la Convención, en cuyo caso no les serán aplicables lo señalado en el inciso primero del artículo 58 de la Constitución. Los Convencionales Constituyentes estarán afectos a las normas de la ley Nº 20.880, sobre probidad en la función pública y prevención de los conflictos de interés, aplicables a los diputados, y a la ley Nº 20.730, que regula el lobby y las gestiones que representen intereses particulares ante las autoridades y funcionarios. Serán compatibles los cargos de parlamentario e integrantes de la Convención Mixta Constitucional. Los diputados y senadores que integren esta convención quedarán eximidos de su obligación de asistir a las sesiones de sala y comisión del Congreso durante el período en que ésta se mantenga en funcionamiento. El Congreso Nacional podrá incorporar medidas de organización para un adecuado trabajo legislativo mientras la Convención Mixta Constitucional se encuentre en funcionamiento. Los integrantes de la Convención, con excepción de los parlamentarios que la integren, recibirán una retribución mensual de 50 unidades tributarias mensuales, además de las asignaciones que se establezcan en el Reglamento de la Convención. Dichas asignaciones serán administradas por un comité externo que determine el mismo Reglamento.

Artículo 135. Disposiciones especiales. La Convención no podrá intervenir ni ejercer ninguna otra función o atribución de otros órganos o autoridades establecidas en esta Constitución o en las leyes. Mientras no entre en vigencia la Nueva Constitución en la forma establecida en este epígrafe, esta Constitución seguirá plenamente vigente, sin que pueda la Convención negarle autoridad o modificarla.

En conformidad al artículo 5º, inciso primero, de la Constitución, mientras la Convención esté en funciones la soberanía reside esencialmente en la Nación y es ejercida por el pueblo a través de los plebiscitos y elecciones periódicas que la Constitución y las leyes determinan y, también, por las autoridades que esta Constitución establece. Le quedará prohibido a la Convención, a cualquiera de sus integrantes o a una fracción de ellos, atribuirse el ejercicio de la soberanía, asumiendo otras atribuciones que las que expresamente le reconoce esta Constitución.

El texto de Nueva Constitución que se someta a plebiscito deberá respetar el carácter de República del Estado de Chile, su régimen democrático, las sentencias judiciales firmes y ejecutoriadas y los tratados internacionales ratificados por Chile y que se encuentren vigentes.

Artículo 136. De la reclamación. Se podrá reclamar de una infracción a las reglas de procedimiento aplicables a la Convención, contenidas en este epígrafe y de aquellas de procedimiento que emanen de los acuerdos de carácter general de la propia Convención. En ningún caso se podrá reclamar sobre el contenido de los textos en elaboración. Conocerán de esta reclamación cinco ministros de la Corte Suprema, elegidos por sorteo por la misma Corte para cada cuestión planteada. La reclamación deberá ser suscrita por al menos un cuarto de los miembros en ejercicio de la Convención y se interpondrá ante la Corte Suprema, dentro del plazo de cinco días desde que se tomó conocimiento del vicio alegado. La reclamación deberá indicar el vicio que se reclama, el que deberá ser esencial, y el perjuicio que causa. El procedimiento para el conocimiento y resolución de las reclamaciones será establecido en un Auto Acordado que adoptará la Corte Suprema, el que no podrá ser objeto del control establecido en artículo 93 número 2 de la Constitución. La sentencia que acoja la reclamación solo podrá anular el acto. En todo caso, deberá resolverse dentro de los diez días siguientes desde que se entró al conocimiento del asunto. Contra las resoluciones de que trata este artículo no se admitirá acción ni recurso alguno. Ninguna autoridad, ni tribunal, podrán conocer acciones, reclamos o recursos vinculados con las tareas que la Constitución le asigna a la Convención, fuera de lo establecido en este artículo. No podrá interponerse la reclamación a la que se refiere este artículo respecto del inciso final del artículo 135 de la Constitución.

Artículo 137. Prórroga del plazo de funcionamiento de la Convención. La Convención deberá redactar y aprobar una propuesta de texto de Nueva Constitución en el plazo máximo de nueve meses, contado desde su instalación, el que podrá prorrogarse, por una sola vez, por tres meses. La mencionada prórroga podrá ser solicitada por quien ejerza la Presidencia de la Convención o por un tercio de sus miembros, con una anticipación no superior a quince días ni posterior a los cinco días previos al vencimiento del plazo de nueve meses. Presentada la solicitud, se citará inmediatamente a sesión especial, en la cual la Presidencia deberá dar cuenta pública de los avances en la elaboración de la propuesta de texto de Nueva Constitución, con lo cual se entenderá prorrogado el plazo sin más trámite. De todas estas circunstancias deberá quedar constancia en el acta respectiva. El plazo de prórroga comenzará a correr el día siguiente a aquel en que venza el plazo original.
Una vez redactada y aprobada la propuesta de texto de Nueva Constitución por la Convención, o vencido el plazo o su prórroga, la Convención se disolverá de pleno derecho.

Artículo 138. De las normas transitorias. La Convención podrá establecer disposiciones especiales de entrada en vigencia de alguna de las normas o capítulos de la Nueva Constitución. La Nueva Constitución no podrá poner término anticipado al período de las autoridades electas en votación popular, salvo que aquellas instituciones que integran sean suprimidas u objeto de una modificación sustancial. La Nueva Constitución deberá establecer el modo en que las otras autoridades que esta Constitución establece cesarán o continuarán en sus funciones.

Artículo 139. De la integración de la Convención Mixta Constitucional. La Convención Mixta Constitucional estará integrada por 172 miembros, de los cuales 86 corresponderán a ciudadanos electos especialmente para estos efectos y 86 parlamentarios que serán elegidos por el Congreso Pleno, conformado por todos los senadores y diputados en ejercicio, los que podrán presentar listas o pactos electorales, y se elegirán de acuerdo al sistema establecido en el artículo 121 del decreto con fuerza de ley Nº 2, del año 2017, del Ministerio Secretaría General de la Presidencia, que fija el texto refundido, coordinado y sistematizado de la ley Nº 18.700, orgánica constitucional sobre Votaciones Populares y Escrutinios, en lo que refiere a la elección de diputados.

Artículo 140. Del sistema electoral de la Convención Mixta Constitucional. En el caso de los Convencionales Constituyentes no parlamentarios, estos serán elegidos de acuerdo a las reglas consagradas en el artículo 121 del decreto con fuerza de ley Nº 2, del año 2017, del Ministerio Secretaría General de la Presidencia, que fija el texto refundido, coordinado y sistematizado de la ley Nº 18.700, orgánica constitucional sobre Votaciones Populares y Escrutinios, en su texto vigente al 25 de junio del 2020 y serán aplicables los artículos 187 y 188 del mismo cuerpo legal, con las siguientes modificaciones:

Distrito 1º que elegirá 2 Convencionales Constituyentes;
Distrito 2º que elegirá 2 Convencionales Constituyentes;
Distrito 3º que elegirá 3 Convencionales Constituyentes;
Distrito 4º que elegirá 3 Convencionales Constituyentes;
Distrito 5º que elegirá 4 Convencionales Constituyentes;
Distrito 6º que elegirá 4 Convencionales Constituyentes;
Distrito 7º que elegirá 4 Convencionales Constituyentes;
Distrito 8º que elegirá 4 Convencionales Constituyentes;
Distrito 9º que elegirá 4 Convencionales Constituyentes;
Distrito 10º que elegirá 4 Convencionales Constituyentes;
Distrito 11º que elegirá 3 Convencionales Constituyentes;
Distrito 12º que elegirá 4 Convencionales Constituyentes;
Distrito 13º que elegirá 3 Convencionales Constituyentes;
Distrito 14º que elegirá 3 Convencionales Constituyentes;
Distrito 15º que elegirá 3 Convencionales Constituyentes;
Distrito 16º que elegirá 2 Convencionales Constituyentes;

Distrito 17º que elegirá 4 Convencionales Constituyentes;
Distrito 18º que elegirá 2 Convencionales Constituyentes;
Distrito 19º que elegirá 3 Convencionales Constituyentes;
Distrito 20º que elegirá 4 Convencionales Constituyentes;
Distrito 21º que elegirá 3 Convencionales Constituyentes;
Distrito 22º que elegirá 2 Convencionales Constituyentes;
Distrito 23º que elegirá 4 Convencionales Constituyentes;
Distrito 24º que elegirá 3 Convencionales Constituyentes;
Distrito 25º que elegirá 2 Convencionales Constituyentes;
Distrito 26º que elegirá 3 Convencionales Constituyentes;
Distrito 27º que elegirá 2 Convencionales Constituyentes; y
Distrito 28º que elegirá 2 Convencionales Constituyentes.

Artículo 141. De la integración de la Convención Constitucional. La Convención Constitucional estará integrada por 155 ciudadanos electos especialmente para estos efectos. Para ello, se considerarán los distritos electorales establecidos en los artículos 187 y 188, y el sistema electoral descrito en el artículo 121, todos del decreto con fuerza de ley Nº 2, del año 2017, del Ministerio Secretaría General de la Presidencia, que fija el texto refundido, coordinado y sistematizado de la ley Nº 18.700, orgánica constitucional sobre Votaciones Populares y Escrutinios, en lo que se refiere a la elección de diputados, a su texto vigente al 25 de junio del 2020. Los integrantes de la Convención Constitucional no podrán ser candidatos a cargos de elección popular mientras ejercen sus funciones y hasta un año después de que cesen en sus cargos en la Convención.

Artículo 142. Del Plebiscito Constitucional. Comunicada al Presidente de la República la propuesta de texto constitucional aprobada por la Convención, éste deberá convocar dentro de los tres días siguientes a dicha comunicación, mediante decreto supremo exento, a un plebiscito nacional constitucional para que la ciudadanía apruebe o rechace la propuesta.
El sufragio en este plebiscito será obligatorio para quienes tengan domicilio electoral en Chile.

El ciudadano que no sufragare será penado con una multa a beneficio municipal de 0,5 a 3 unidades tributarias mensuales. No incurrirá en esta sanción el ciudadano que haya dejado de cumplir su obligación por enfermedad, ausencia del país, encontrarse el día del plebiscito en un lugar situado a más de doscientos kilómetros de aquél en que se encontrare registrado su domicilio electoral o por otro impedimento grave, debidamente comprobado ante el juez competente, quien apreciará la prueba de acuerdo a las reglas de la sana crítica.

Las personas que durante la realización del plebiscito nacional constitucional desempeñen funciones que encomienda el decreto con fuerza de ley Nº 2, del año 2017, del Ministerio Secretaría General de la Presidencia, que fija el texto refundido, coordinado y sistematizado de la ley Nº 18.700, orgánica constitucional sobre Votaciones Populares y Escrutinios, se eximirán de la sanción establecida en el presente artículo remitiendo al juez competente un certificado que acredite esta circunstancia.

El conocimiento de la infracción señalada corresponderá al juez de policía local de la comuna donde se cometieron tales infracciones, de acuerdo con el procedimiento establecido en la ley Nº 18.287.

En el plebiscito señalado, la ciudadanía dispondrá de una cédula electoral que contendrá la siguiente pregunta, según corresponda a la Convención que haya propuesto el texto: "¿Aprueba usted el texto de Nueva Constitución propuesto por la Convención Mixta Constitucional?" o "¿Aprueba usted el texto de Nueva Constitución propuesto por la Convención Constitucional?". Bajo la cuestión planteada habrá dos rayas horizontales, una al lado de la otra. La primera de ellas, tendrá en su parte inferior la expresión "Apruebo" y la segunda, la palabra "Rechazo", a fin de que el elector pueda marcar su preferencia sobre una de las alternativas.

Este plebiscito deberá celebrarse sesenta días después de la publicación en el Diario Oficial del decreto supremo a que hace referencia el inciso primero, si ese día fuese domingo, o el domingo inmediatamente siguiente. Con todo, si en conformidad a las reglas anteriores la fecha del plebiscito se encuentra en el lapso entre sesenta días antes o después de una votación popular de aquellas a que hacen referencia los artículos 26, 47 y 49 de la Constitución, el día del plebiscito se retrasará hasta el domingo posterior inmediatamente siguiente. Si, como resultado de la aplicación de la regla precedente, el plebiscito cayere en el mes de enero o febrero, el plebiscito se celebrará el primer domingo del mes de marzo. El proceso de calificación del plebiscito nacional deberá quedar concluido dentro de los treinta días siguientes a la fecha de éste. La sentencia de proclamación del plebiscito será comunicada dentro de los tres días siguientes de su dictación al Presidente de la República y al Congreso Nacional.
Si la cuestión planteada a la ciudadanía en el plebiscito nacional constitucional fuere aprobada, el Presidente de la República deberá, dentro de los cinco días siguientes a la comunicación de la sentencia referida en el inciso anterior, convocar al Congreso Pleno para que, en un acto público y solemne, se promulgue y se jure o prometa respetar y acatar la Nueva Constitución Política de la República. Dicho texto será publicado en el Diario Oficial dentro de los diez días siguientes a su promulgación y entrará en vigencia en dicha fecha. A partir de esta fecha, quedará derogada la presente Constitución Política de la República, cuyo texto refundido, coordinado y sistematizado se encuentra establecido en el decreto supremo Nº 100, de 17 de septiembre de 2005.
La Constitución deberá imprimirse y repartirse gratuitamente a todos los establecimientos educacionales, públicos o privados; bibliotecas municipales, universidades y órganos del Estado. Los jueces y magistrados de los tribunales superiores de justicia deberán recibir un ejemplar de la Constitución.
Si la cuestión planteada a la ciudadanía en el plebiscito ratificatorio fuere rechazada, continuará vigente la presente Constitución.

Artículo 143. Remisión. Al plebiscito constitucional le será aplicable lo dispuesto en los incisos cuarto a sexto del artículo 130.".

Y por cuanto he tenido a bien aprobarlo y sancionarlo; por tanto, promúlguese y llévese a efecto como Ley de la República.

Santiago, 23 de diciembre de 2019.- SEBASTIÁN PIÑERA ECHENIQUE, Presidente de la República.- Felipe Ward Edwards, Ministro Secretario General de la Presidencia.- Gonzalo Blumel Mac-Iver, Ministro del Interior y Seguridad Pública.Lo que transcribo a Ud. para su conocimiento.- Saluda Atte. a Ud., Juan Francisco Galli Basili, Subsecretario General de la Presidencia.

www.ingramcontent.com/pod-product-compliance
Lightning Source LLC
LaVergne TN
LVHW041038150826
845672LV00001B/378

* 9 7 8 9 5 6 0 9 4 7 0 0 0 *